序　言

在北京师范大学的百余年发展历程中，历史学科始终占有重要地位。经过几代人的不懈努力，今天的北京师范大学历史学院业已成为史学研究的重要基地，是国家首批博士学位一级学科授予权单位，拥有国家重点学科、博士后流动站、教育部人文社会科学重点研究基地等一系列学术平台，综合实力居全国高校历史学科前列。目前被列入国家一流大学一流学科建设行列，正在向世界一流学科迈进。在教学方面，历史学院的课程改革、教材编纂、教书育人，都取得了显著的成绩，曾荣获国家教学改革成果一等奖。在科学研究方面，同样取得了令人瞩目的成就，在出版了由白寿彝教授任总主编、被学术界誉为“20世纪中国史学的压轴之作”的多卷本《中国通史》后，一批底蕴深厚、质量高超的学术论著相继问世，如八卷本《中国文化发展史》、二十卷本“中国古代社会和政治研究丛书”、三卷本《清代理学史》、五卷本《历史文化认同与中国统一多民族国家》、二十三卷本《陈垣全集》，以及《历史视野下的中华民族精神》《中西古代历史、史学与理论比较研究》《上博简〈诗论〉研究》等，这些著作皆声誉卓著，在学界产生较大影响，得到同行普遍好评。

除上述著作外，历史学院的教师们潜心学术，以探索精神攻关，又陆续取得了众多具有原创性的成果，在历史学各分支学科的研究上连创佳绩，始终处在学科前沿。为了集中展示历史学院的这些探索性成果，我们组织编写了这套“通古察今”系列丛书。丛书所收著作多以问题为导向，集中解决古今中外历史上值得关注的重要学术问题，篇幅虽小，然问题意识明显，学术视野尤为开阔。希冀它的出版，在促进北京师范大学历史学科更好发展的同时，为学术界乃至全社会贡献一批真正立得住的学术佳作。

当然，作为探索性的系列丛书，不成熟乃至疏漏之处在所难免，还望学界同人不吝赐教。

北京师范大学历史学院

北京师范大学史学理论与史学史研究中心

北京师范大学“通古察今”系列丛书编辑委员会

2019 年 1 月

目　录

前　言\1

严复论中西学术\3

——以其前期著译为核心

求真与致用的两全和两难\21

——以顾颉刚、傅斯年等民国史家的选择为例

从《刘向歆父子年谱》看钱穆的史学理念\87

参考文献\119

前言

对于治史者而言，历史研究的目的何在？这是具有普遍意义的命题，也是古今中外皆有所困惑甚至纠结的命题。作为历史学家，认可史学本质应为求真，恐怕是多数人的共识。然于史学求真与致用的关系该如何处理，则歧见纷呈。一般来说，既然求真为根本，那么致用功能应是附着于上，而非刻意为之，否则就背离了史学本性。但在现实当中，史家有祖国，是现代民族国家之一分子，有此身份，欲求求真与致用之两全，就可能一再遭逢两难。晚清以降，严峻的民族危机之下，史学的功能尤其受到考验。清季的严复在回顾中国学术史时，往往是以西学为坐标进行评判，认为中学本身有致命缺陷，无益于救国，而西学是能实行实用之学，有助于救国大业，因此力主用西学完善中学、改造中学。很显然，致用性成为他判断学术价值高低的标准。民国之时，现代学术体系已在中国建立起来，然史学的基本功能未变。在无关民族、国家生死存亡的常态下，书斋中的学者更乐于以求真理念从事研究，顾颉刚、傅斯年、钱穆等民国史家皆如此。但当民族、国家处于生死存亡的特殊时期时，史学的致用功能最为人们看重，抗战时期的顾颉刚、傅斯年、钱穆等人之所为，即是明显表现。不过究其根本，学术乃天下之公器，有其不变的准则，史学亦然。如此，若不同时期有不同的学理，那么史学家该当何为？

本书所收的几篇小文即是基于上述思考，大体以严复、顾颉刚、傅斯年、钱穆等人的学术贡献为核心，就史学的求真与致用问题展开研讨，希冀由此引发更多、更深入的思考和讨论。

严复论中西学术
——以其前期著译为核心

在译介西学的同时，严复做了不少会通中西的工作，同样取得较大成就，以至于梁启超称赞他“于西学中学，皆为我国第一流人物”[1]。会通中西，必有一定观念在支撑，即如何看待和评判中西学术。在这方面，严复有自己的独到认识。对之加以系统探讨，不仅有助于严复研究的深化，而且有助于晚清以降学术思想史研究的进一步完善。鉴于此，本文拟以集中反映严复中西学术观念的前期（辛亥革命之前）著译为核心，做一粗浅探索。

[1] 梁启超:《绍介新著：原富》,《新民丛报》第1号,1902年2月8日。

（一）

甲午战争之后，经过多年摸索和苦心钻研，严复对于中西学术都已有了相当的体认。1895 年 2 月起，他相继发表了《论世变之亟》《原强》《辟韩》《救亡决论》等文，并陆续翻译了《天演论》《群学肄言》《社会通诠》《穆勒名学》等西书；在这些论文和译书里，他谈及自己的中西学术观，以比较的方式论析中西学术，尤其是论析中西学术内涵与学术精神之异。

中西学术分属不同学术系统，晚清之人常以比附态度对待这两种学术。严复尽管也有中西学比附之时，但他往往是站在西学立场上来把握中学，多强调中西学相异之处。他认为，如果用西学的眼光观察中学，那么中国的学问不能称其为“学”：“‘学’者所以务民义，明民以所可知者也。明民以所可知，故求之吾心而有是非，考之外物而有离合，无所苟焉而已矣。……是故取西学之规矩法戒，以绳吾‘学’，则凡中国之所有，举不得以‘学’名；吾所有者，以彼法观之，特阅历知解积而存焉，如散钱，如委积。此非仅形名象数已也，即所谓道德、政治、礼乐，吾人所举为大道，而诮西人为无所知者，质而言乎，亦仅如是而已矣。”[1]中国学问不成其为“学”的核心在于它不是建立在科学的基础之上，因中国学问的目的是修身养性、治国平天下，而修身养性、治国平天下之道又被认为是先圣已在经书中为后人准备好了的，那么学问内容便自然是经书中的东西，“盖吾国所谓学，自晚周秦汉以来，大经不离言词文字而已。求其仰观俯察，近取诸身，远取诸物，如西人所谓学于自然者，不多遘也”[2]。这些“言词文字”之学大体包括汉学考据、宋学义理以及词章之学等等，既不具备科学系统，“如散钱，如委积”，又“无实”“无用”，所以“其为祸也，始于学术，终于国家”。[3]反观西学则不然，“一理之明，一法之立，必验之物物事事而皆然，而后定之为不易。其所验也贵多，故博大；其收效也必恒，故悠久；其究极

[1] 严复:《救亡决论》,王栻主编:《严复集》第1册,中华书局1986年版,第52—53页。

[2] 严复:《阳明先生集要三种序》，王栻主编:《严复集》第2册，中华书局1986年版，第237页。

[3] 严复:《救亡决论》,《严复集》第1册，第44—45页。

也，必道通为一，左右逢原，故高明”。[1] 这样的学术，是奠定在科学基础之上的，其分类符合科学规律，如数（数学）、力（物理）、质（化学）、天学（天文学）、地学（地理学）、动植学、群学、生理学、心理学、农学、兵学等等，都是用已得之“公理大例而用之，以考专门之物”[2]，既有系统，又有实际用途。不仅如此，严复心目中的西学还层次分明，功能各异。他曾把西学分为三个层次：第一层次为“数名力质”四学，治数学和名学，“以察不遁之理，必然之数也”，治力学和质学（化学），以审“因果功效之相生也”；第二层次为“天地人三学”，治此三学，“以尽事理之悠久博大与蕃变也”，并强调“三者之中，则人学为尤急切，……人学者，群学入德之门也。人学又析而为二焉：曰生学，曰心学。生学者，论人类长养孳乳之大法也，心学者，言斯民知行感应之秘机也”；第三层次即最高层次为群学，“群学治，而后能修齐治平，用以持世保民以日进于郅治馨香之极盛也”。[3] 以现代观念言之，这可

[1] 严复:《救亡决论》,《严复集》第 1 册，第 45 页。

[2] 严复:《西学门径功用》,《严复集》第 1 册，第 95 页。

[3] 严复:《原强》,《严复集》第 1 册，第 6—7 页。

谓严复心目中的西学谱系，由自然科学而至于研究人自身的科学再进至群学。群学至高无上，是命脉之学，“唯群学明而后知治乱盛衰之故，而能有修齐治平之功”[1]。所以学习西方，最重要的是学好群学。严复对西学的这种认识框架，很明显的是受了19世纪下半叶伟大科学运动的影响，主要是摄取了达尔文、穆勒、赫胥黎、斯宾塞等英国科学家、思想家著作中的养料而形成。[2]

中西学术内涵既有此重大差异，必然导致其学术精神也非一致，对此，严复亦有所论述。他认为，在中国学问范畴里，既然道理、知识都已是圣人写在经书中的了，那么学术研究必然是围绕经书而进行，后人只需不断疏解经书，从经书中汲取知识与真理，就达治学目的了，不必索求其他。所以中国学者治学“必求古训。古人之非，既不能明，即古人之是，亦不知其所以是”。其治学途径则为研究书本，读书就是学问的一切，方法是死记硬背，甚至“六七龄童子入学，

[1] 严复:《原强修订稿》,《严复集》第1册，第18页。

[2] 参见刘桂生主编:《时代的错位与理论的选择：西方近代思潮与中国“五四”启蒙思想》，清华大学出版社1989年版，第75—76页。

脑气未坚，即教以穷玄极眇之文字，事资强记，何裨灵襟！其中所恃以开浚神明者，不外区区对偶已耳。所以审核物理，辨析是非者，胥无有焉”。[1] 结果是“好古而忽今”，让人的精神自己囚困自己，学问千篇一律，几无创新。如此重因袭而不重创造的学术，久而久之，必会走向穷途末路。与此相反，西方社会注重创新，尊重学者富有个性色彩的创造机制，肯定人类理性永无休止的进取心，因而其治学以研究自然之理为第一义，提倡独立思考的求知精神和怀疑求异的理性批判意识，“言学则先物理而后文词，重达用而薄藻饰。且其教子弟也，尤必使自竭其耳目，自致其心思，贵自得而贱因人，喜善疑而慎信古。其名数诸学，则藉以教致思穷理之术；其力质诸学，则假以导观物察变之方，而其本事，则筌蹄之于鱼兔而已矣”。“读书得智，是第二手事，唯能以宇宙为我简编，民物为我文字者，斯真学耳。”[2] 既重读书，又重实验，尤其崇尚个人的创造性，这种科学的治学精神，使得西学不断进步，并在社会发展过程中不断产生实际效用。

---

[1] 严复:《原强修订稿》,《严复集》第 1 册，第 29—30 页。

[2] 严复:《原强修订稿》,《严复集》第 1 册，第 29 页。

实际上，严复不仅看重西学的实用效能，就是在学理层面对中国学问也缺少信心。他说："君等从事西学之后，平心察理，然后知中国从来政教之少是而多非。即吾圣人之精意微言，亦必既通西学之后，以归求反观，而后有以窥其精微，而服其为不可易也。"[1]这段话表明，在政治层面上，中国之政教颇有不足，但在学术层面上，中国固有的学术文化却不能一概否定，其内部确有"不可易"的"精意微言"，只是这样的"精意微言"，需"通西学之后，以归求反观"，方能得之。可见在严复眼里，中学之价值，无法自我体现，[2]要靠通晓西学后"归求反观"，加深理解，才可"窥其精微"。[3]如此一来，西学自然成了评判中学的坐标。那么他往往站在西学立场上把握中学，强调中西学相异之处，便也顺理成章了。

[1] 严复:《救亡决论》，《严复集》第1册，第49页。

[2] 这一点严复在《天演论·自序》中也曾指出过，他说："大抵古书难读，中国为尤。二千年来，士徇利禄，守阙残，无独辟之虑。是以生今日者，乃转于西学，得识古之用焉。"见王栻主编:《严复集》第5册，中华书局1986年版，第1320页。

[3] 参见刘桂生:《严复中西文化观前后期的一致性》，《刘桂生学术文化随笔》，中国青年出版社2000年版，第60、61页。

由上可见，严复是以西学为坐标来比较中西学术的，这样的标准之下，中学自然处下风，可谓事事不如人。很显然，如此比照中西学术并非全然客观。那么，严复何以会出此举？他的态度关联着什么？这应是值得我们进一步关注的问题。

（二）

清末的中国，救亡已成为时代主题。如何救亡，或者从正面来讲，如何在大厦将倾的清王朝基础上建立新国家，成为有识之士最关注的问题，而且围绕此“建国”问题还展开了一场涉及广泛的争论。对这一关乎全民族前途命运的大问题，政治家们各有其立场，学者们也有其独特的思考角度。顾炎武的“亡国”与“亡天下”之辨此时经常被学者提及，便反映了他们的视角。对于他们而言，亡天下是比亡国更可怕的事情，是最根本的灭亡，因中国首先是作为文化集合体的“天下”而存在，文化存亡是民族兴衰的首要因素。所以，“天下兴亡，匹夫有责”，文化承担者的社会责任相当重大，就像国粹派学者所言：“盖以易朔者，一家之事。

至于礼俗政教，澌灭俱尽，而天下亡矣。夫礼俗政教固自学出者也，必学亡而后礼俗政教乃与俱亡。”[1] 鉴于此，救亡必先救学，建国必先建学。学术兴，礼俗政教必兴，天下亦随之兴。也就是说，学术为立国之本，“国有学，则虽亡而复兴；国无学，则一亡而永亡。何者，盖国有学则国亡而学不亡，学不亡则国犹可再造；国无学则国亡而学亡，学亡而国之亡遂终古矣”[2]。这样的议论，是以文化承担为职志、以学问为依归的读书人对空前的民族危机的自然反应，也是其继承往圣先贤之道而形成的终极关怀之体现，尽管这里有受斯宾塞理论影响的成分在内。[3] 既然学术关乎国家存亡，那么兴学以救国就成了当务之急，由此，“学术救国”之主张顺理成章地走上历史前台。

正是在这样的大环境下，严复从事译介西学的工作，试图借西学以救国，就像他在《救亡决论》中所呼吁的，“驱夷之论，既为天之所废而不可行，则不

[1] 潘博：《国粹学报叙》，《国粹学报》第 1 期，1905 年 2 月 23 日。

[2] 许守微：《论国粹无阻于欧化》，《国粹学报》第 7 期，1905 年 8 月 20 日。

[3] “此种见解的理论依据，是国粹派受斯宾塞的理论影响而形成的‘文化有机’论。”见郑师渠：《晚清国粹派——文化思想研究》，北京师范大学出版社 1997 年版，第 116 页。

容不通知外国事。欲通知外国事，自不容不以西学为要图。此理不明，丧心而已。救亡之道在此，自强之谋亦在此。早一日变计，早一日转机，若尚因循，行将无及”[1]。即引入西学作为救国利器，是当务之急，迟缓不得。而他之所以力主通西学以救国，很大程度上是因看到中国学问本身有致命缺陷：“中土之学，必求古训。古人之非，既不能明，即古人之是，亦不知其所以是。记诵词章既已误，训诂注疏又甚拘，江河日下，以致于今日之经义八股，则适足以破坏人材，复何民智之开之与有耶？”[2]这样的学问，“吾得一言以蔽之，曰：无用。非真无用也，凡此皆富强而后物阜民康，以为怡情遣日之用，而非今日救弱救贫之切用也。……吾又得一言以蔽之，曰：无实。非果无实也，救死不赡，宏愿长赊。所托愈高，去实滋远。徒多伪道，何裨民生也哉！……均之无救危亡而已矣”[3]。即中国学问并非真的无实无用，国家富强太平盛世，还是可以从事的，但当国家、民族危亡之际，显然无助

[1] 严复：《救亡决论》，《严复集》第1册，第49—50页。

[2] 严复：《原强修订稿》，《严复集》第1册，第29页。

[3] 严复：《救亡决论》，《严复集》第1册，第44页。

于“救弱救贫之切用”，无益于救国大计。反观西方，“其为事也，——皆本诸学术；其为学术也，——皆本于即物实测，层累阶级，以造于至精至大之涂，故蔑一事焉可坐论而不足起行者也”[1]。“西洋今日，业无论兵、农、工、商，治无论家、国、天下，蔑一事焉不资于学。”[2]即西方事事皆本学术，而其学术基于实际，非“可坐论而不足起行者也”，乃有实有用之学，故“一言富国阜民，则先后始终之间，必皆有事于西学，然则其事又曷可须臾缓哉！”[3]欲使国富民强，必须引进和学习西学，而且不能迟缓。有了这层极为现实的考虑，严复在比照中西学术时褒西学而贬中学，便顺理成章了。当然，出于现实需要，其以西学之长较中学之短，甚至为强调西学的实用功能而对西学形而上的一面尽量回避，这应视为用心良苦之举，恐非其对西学理解偏狭所致。

那么，何以西学有此功用而中学却做不到呢？对此严复也做了些探讨，认为是西学“学”与“术”结合、

[1] 严复:《原强修订稿》,《严复集》第 1 册，第 23 页。

[2] 严复:《救亡决论》,《严复集》第 1 册，第 48 页。

[3] 严复:《救亡决论》,《严复集》第 1 册，第 48 页。

中学“学”与“术”分离所致。西学刚刚进入中国之时，人们先以形下之“术”来格义，认为“西艺”（工艺技术）能包孕西学的全部内容。到清末，随着认识的深化，已知道西学亦有其根本，遂以中国之“学术”来格义它。刘师培对此所做的界定为：“学指理言，术指用言。”[1]严复也说：“学者，即物而穷理……术者，设事而知方……术之不良，皆由学之不明之故；而学之既明之后，将术之良者自呈。此一切科学所以大裨人事也……”[2]学与术不可分，两者之结合，构成科学系统，裨于国计民生，促进西方的进步。反观中国，学与术分离，言学不言术，形上之“学”备受士人重视，甚至皓首以穷之；形下之“术”则被看作雕虫小技，向遭冷遇。在严复看来，特别自南宋以后，中国之学问越来越走向无用无实之途，“盖学术末流之大患，在于徇高论而远事情，尚气矜而忘实祸”。“侈陈礼乐，广说性理。”“所托愈高，去实滋远。”[3]以此，学术无

[1] 刘师培：《古学出于史官论》，《左盦外集》卷八，钱玄同等编：《刘申叔先生遗书》，民国二十五年（1936年）宁武南氏排印本，江苏古籍出版社1997年重印，第1478页。

[2] 严复：《政治讲义》，《严复集》第5册，第1248页。

[3] 严复：《救亡决论》，《严复集》第1册，第43、44页。

由进步，国家亦无法从中获取走向复兴的力量。这样的学术，较之西学自然相去甚远。

严复如此比照中西学术，贬斥中学，是出于对“学术救国”之主张的贯彻，其根本目的在于救亡。“学术救国”途径各异，在他那里，则是力图通过中西学术的这种比较，使国人明了自身学术的缺陷所在，以此急起直追，学习西方，用西学改造中学，使中学摆脱无实无用的景况，发挥救国救民的效用，成为可与西学并驾齐驱的现代学术。所以，他提出一系列在中国建立类似西学之学科的设想，认为中国虽无政治学、名学（逻辑学）、计学（经济学）等学科，但古代典籍中不乏与这些学科相关的内容，可在此基础上发展起各学科。如在谈及政治学时，他说：“查政治一学，最为吾国士大夫所习闻。束发就傅，即读《大学》、《中庸》。《大学》由格致而至于平天下，《中庸》本诸天命之性，慎独工夫，而驯致于天下平。言政治之学，孰有逾此者乎？他日读《论》、《孟》、五经，其中所言，大抵不外德行、政治两事——两事者，固儒者专门之业也。”[1]

[1] 严复：《政治讲义》，《严复集》第5册，第1242页。

在谈及名学时，他说："及观西人名学，则见其于格物致知之事，有内籀之术焉，有外籀之术焉。……乃推卷起曰：有是哉，是固吾《易》、《春秋》之学也。迁所谓本隐之显者，外籀也；所谓推见至隐者，内籀也。"[1]在谈及计学时，他说："计学之理，如日用饮食，不可暂离，而其成专科之学，则当二百年而已。故其理虽中国所旧有，而其学则中国所本无，无庸讳也。若谓中国开化数千年，于人生必需之学，古籍当有专名，则吾恐无专名者不止计学。"[2]即中国典籍中有西方各学术门类所涉及的具体内容，但未上升到科学高度，因为"讲科学，与吾国寻常议论不同，中有难处：一是求名义了晰，截然不紊之难；二是思理层折，非所习惯之难"[3]。不过尽管如此，他仍是希望通过引入西学为样板，改造中国学术，使之上升到科学层面，最终成为像西学那样能发挥救国救民效用的学科。他所以译介西方各学科的经典之作，自有其多方考虑，但

[1] 严复:《天演论·自序》,《严复集》第5册，第1319—1320页。

[2] 严复:《与梁启超书》(二)，王栻主编:《严复集》第3册，中华书局1986年版，第518页。

[3] 严复:《政治讲义》,《严复集》第5册，第1243页。

为改造中学计，则必为目的之一。

（三）

在比照中西学术、力求改造中学方面，严复不仅大力倡导，而且也身体力行，通过做一些用西学完善中学的工作，树立会通中西、使中学走上现代轨道的典范。这些工作取得一系列突破性的成果，在学术界颇有影响。以下试举两例，予以说明。

在西方，社会学、政治学等属于专门学问，与中国之小学并无关联。但严复在译介《群学肄言》《社会通诠》等著作时，常通过序文、凡例、按语、夹注等形式不断援引中国古典文化内容，与所述西方社会学、政治学内容比较、对照、印证，尤其在透过语言文字的含义来观察中西文化内涵的异同方面有很敏锐的洞察力，如他曾言及："尝考六书文义，而知古人之说与西学合。何以言之？西学社会之界说曰：'民聚而有所部勒，祈向者，曰社会。'而字书曰：'邑，人聚会之称也，从口有区域也，从卪有法度也。'西学国之界说曰：'有土地之区域，而其民任战守者曰国。'而字书曰：'国古文或，从一，地也，从口以戈守之。’观此可知中西字义之冥合矣。”[1]以这样的方式考察中西学术，西方社会学便与中国传统语言文字之学即小学联系了起来，从而促使小学走出旧有轨道，向现代转型。如此做法，对旧学根底深厚且有志于会通中西的学者启示颇大。

社会学著作外，严复所译《穆勒名学》也予国内学者诸多启示。严氏非常重视名实之分，强调概念的严密性，认为:“两物遇而伦生焉，对待之名因之以起。故欲观伦之果为何物，莫若历举对待之名，而察其所同有者为何义。盖即诸异而取其同，此求公名之义之定法也。”[2]受其影响，刘师培把名学视为“循名责实之学”[3]。在界定“理”之涵义时，刘氏引入《穆勒名学》中“伦”的概念，认为古人所言之“理”即“伦”，“皆由对待而生，故理亦必由比较分析而后见”。他还进一步引用郑玄“训理为分”之注，从汉学考据角度

---

[1] 严复:《译余赘语》,〔英〕斯宾塞:《群学肄言》,商务印书馆 1981 年版，第 xi 页。

[2] 严复译:《穆勒名学》，商务印书馆 1981 年版，第 63—64 页。

[3] 刘师培:《国学发微》,《刘申叔先生遗书》，第 480 页。

对“理”做了精确界分，“理可以分，故曰分理，且肌之可分者曰肌理，腠之可分者曰腠理，文之可分者曰文理。且事事物物莫不有理，故天曰天理，地曰地理，性命曰性命之理，犹之科学家之言心理学、物理学、地理学也”。[1] 显然，这是将名学与汉学训诂结合起来以“循名责实”，即是通过逻辑学与小学的结合来探究学理。

严复对刘师培的这种影响，只是其影响晚清中国学界的显例之一，类似例证还可举出不少。仅此即可看出，他对中国学术的贡献并不止于译介西学，其所为实际是树立起一个样板，在中国古典学术向现代迈进的行程中起到了“典范”作用。

总之，在看待和评判中西学术方面，严复有自己的独到认识。他往往是以西学为坐标来评判中学，强调中西学相异之处，褒扬西学，贬低中学。所以如此，有其基于时代特性的具体考虑，即中国学问本身有致命缺陷，无益于救国，而西学是能实行实用之学，有助于救国大业。因此他力主用西学完善中学、改造中

[1] 刘师培：《东原学案序》，《左盦外集》卷十七，《刘申叔先生遗书》，第 1759 页。

学，并亲身实践之，成绩斐然，从而为中国学术发展做出了特殊贡献。

求真与致用的两全和两难

——以顾颉刚、傅斯年等民国史家的选择为例

历史学本系求真之学。何谓求真？如何求真？在事实判断层面似无多大争议，可一旦上升到价值判断层面，便有无穷之争议，特别是当史家基于一己之求真理念所形成之主张与社会现实需求相违时，围绕价值判断而生之困境即如影相随。民国年间，顾颉刚、傅斯年等史家皆曾遭逢此困境，其中以两个案例最具代表性，即顾颉刚编初中教科书《本国史》所涉之风波和关于“中华民族是一个”的学术论争。这两个案例集中体现了学者个体学术主张和现实（时代）需求之间的纠葛。尽管学界已出现若干分别对这两个案例进行研究的成果，或从政局变化、国民党思想控制、

学派纷争以及出版业间的利益竞争等角度，探讨顾颉刚所涉教科书风波的缘由和影响；[1] 或对抗战时期关于“中华民族是一个”的论争从政治史、思想史乃至民族学、人类学的角度展开系统研讨，涉及争论各方的学术立场、政治态度、朝野反响等具体现象。[2] 然则这两个案例背后具有根本性意义的因素——历史事实和价值判断之间的关系以及史家怎样在这两者间平衡等问题，即顾颉刚、傅斯年等史家求真与致用的双重情怀如何展现，学术追求和现实政治如何协调，专业研究和大众普及的关系如何处理，等等，还缺乏深入研析。讨论这些方面，不惟会推进此一领域的研究工作，

---

[1] 如刘超:《学术与政治:〈现代本国史〉教科书案》,《史学月刊》2006 年第 7 期；李长银:《一件关乎民国年间政、学、商三界的重大事件——1929 年〈本国史〉教科书案新探》,《历史教学》2014 年第 10 期；等等。

[2] 如周文玖、张锦鹏:《关于“中华民族是一个”学术论辩的考察》,《民族研究》2007 年第 3 期；马戎:《如何认识“民族”和“中华民族”——回顾 1939 年关于“中华民族是一个”的讨论》,《中南民族大学学报》2012 年第 5 期；黄克武:《民族主义的再发现：抗战时期中国朝野对“中华民族”的讨论》,《近代史研究》2016 年第 4 期；黄兴涛:《重塑中华：近代中国“中华民族”观念研究》，北京师范大学出版社 2017 年版；等等。部分成果被编入马戎主编《“中华民族是一个”——围绕 1939 年这一议题的大讨论》，社会科学文献出版社 2016 年版。

更为关键的是能就此解决一些带有普遍性意义的问题。基于此，本文拟在这些方面做一点初步探讨，以求有所创获。

（一）

1922年春，经胡适介绍，顾颉刚开始为商务印书馆编写一部初中本国史教科书。为了在限定的时间内完成这项工作，商务印书馆又邀请顾的好友王伯祥（原名王钟麒）与其合编。这部贯通古今的历史教科书出版之后，颇受教育界及学术界的欢迎。该书上册于1923年9月初版，至1927年9月共出55版；中册于1924年2月初版，至1926年1月共出25版；下册于1924年6月初版，至1926年1月共出24版。[1]总体发行量非常大，而完全由顾颉刚编写的上册，[2]出版次数尤多。上册由“总说”和上古史、中古史构成，是

[1] 张守智主编：《民国时期总书目（1911—1949）·中小学教材》，书目文献出版社1995年版，第217页。

[2] 有文章指出：“从《顾颉刚日记》中对写作进度的记载来看，《本国史》上册应是顾颉刚所写。”见王红霞：《〈现代初中教科书·本国史〉与顾颉刚的史学思想》，《史学月刊》2014年第8期，第14页。

全书的精华所在。

这样一部具有广泛影响的教科书，却于1929年春遭遇被查禁的厄运。先由山东曹州重华学院院董丛涟珠、院长陈亚三等呈请禁止，继由山东省参议员王鸿一提出专案，弹劾该书“非圣无法”，戴季陶认定这部历史教科书是一种惑世诬民的邪说，足以动摇国本。国民政府第十七次国务会议由此决定由教育部查禁，通令全国不准采用。[1]这即是当时沸沸扬扬的《本国史》教科书案。该案的核心是王鸿一所说的“非圣无法”问题，主要指《本国史》“不承认三皇五帝为事实”，即由顾颉刚编写的上册书中的内容引发的。那么书中是如何表述“三皇五帝”的呢？大体有如下述：“自从地面上初有人类以后，一直到所谓黄帝时，都是鸿荒之世，实在的事迹，还是暧昧难明。只要看这黄帝的称号，便可与再前一点的炎帝一类同样看待，或许是后来的人推想出来的一个奠土建国的古帝，便用什么五行里的土德来表示他。”“尧、舜的传说，为

[1] 阿斗：《一件比蒋桂战争还要重要的事》，曹伯言整理：《胡适日记全编》第5册，安徽教育出版社2001年版，第380—381页；顾潮编著：《顾颉刚年谱》（增订本），中华书局2011年版，第193页。

后世所崇信；我们看惯了，遂以为古代真有一个圣明的尧、舜时代了。其实尧、舜的故事，一部分属于神话，一部分出于周末学者‘托古改制’的捏造；他们‘言必称尧舜’，你造一段，他又造一段，越造就越像真有其人其事了。”[1] 如今看来，顾氏所述实为常识，并非惊天动地的见解，放到当时的学术界也属平常。但在1929年的国民政府眼里，则为大谬不然、足以动摇国本的看法，非禁止不可。何以如此？恐怕需从教科书的特殊身份及所关联的学术、政治与现实纠葛入手予以探讨。

众所周知，历史教科书是近代分科之学的产物，以“教科书”形态进行历史撰述在中国始于19世纪末，首先由来华西方传教士从事于此。传统中国社会虽然也有一些蒙童读物，但与近代意义上的教科书有本质区别。历史教科书成为大家共同关注的问题，则是在20世纪初清政府颁布新学制以后。这是由于新学制开启了现代教育体系与制度，现代教育制度下的历史教科书不同于普通读物，它是学校历史教育的主导资源，

---

[1] 顾颉刚编：初中教科书《本国史》上册，商务印书馆民国十二年（1923年）版，第23、30—31页。

是一般民众普遍历史观的主要来源，所编内容和观点不仅反映了学者对待历史的态度，同时也反映了国家政权的倾向，某种程度上甚至体现着国家意志，所以才有课程标准的引导和审定制度的约束。不过尽管如此，清季和民国之时，并未出现严格意义上的国家统编历史教科书，而是由具有独立身份的编者和出版机构合作，各自编写总体上遵循课程标准的教科书，形成所谓“一纲多本”的格局。

顾颉刚编写《本国史》上册之时，正逢北洋政府教育部颁行《初级中学历史课程纲要》之际，纲要内容很简略，上古史部分主要规定要写明“中华民族神话时代之传说，及虞夏商周之文化”，并未言及民族起源、民族认同等方面。[1] 依此规定，顾颉刚所写内容并无不妥之处，完全合乎要求。而到了国民政府时期的 1929 年，教育部又颁行了《初级中学历史暂行课程标准》，该标准详细规定了初中历史课程的目标、时间支配、教材大纲、教法要点等事项，在课程目标

[1] 《初级中学历史课程纲要》，课程教材研究所编：《20 世纪中国中小学课程标准·教学大纲汇编：历史卷》，人民教育出版社 2001 年版，第 14 页。

中首先规定要“研求中国政治经济变迁的概况，说明近世中国民族受列强侵略之经过，以激发学生的民族精神，并唤醒其在中国民族运动上责任的自觉”。在教材大纲的上古史部分既列出“古史的传说”条目，又列出“中华民族的建国”条目。[1]很显然，较之北洋政府，国民政府更为重视历史课程的现实功用，强调“民族精神”“民族运动的自觉”等。“三皇五帝”问题的核心就在于民族初祖、民族建构问题，因黄帝这时已被塑造为“中华民族”的始祖，以炎黄认同为象征的“中华民族”认同理念几成为共识。所以顾颉刚书中说黄帝的事迹“暧昧难明”，黄帝和炎帝“或许是后来的人推想出来的一个奠土建国的古帝，便用什么五行里的土德来表示他”，便易遭人指责为“不承认三皇五帝为事实”“非圣无法”。戴季陶对此表达得很明确：“中国所以能团结为一体，全由于人民共信自己为出于一个祖先；如今说没有三皇、五帝，就是把全国人民团结为一体的要求解散了，这还了得！”“民族问题是一个大问题，学者们随意讨论是许可的，至于书

[1] 《初级中学历史暂行课程标准》，《20世纪中国中小学课程标准·教学大纲汇编：历史卷》，第21、22页。

店出版教科书，大量发行，那就是犯罪，应该严办。”[1]也就是说，作为体现国家意志的基础教育教科书，不能表达与主流意识形态相背离的观念。

实际上，对于1929年的国民政府而言，虽然仍面临着政治、经济、军事、外交等方方面面的危机，但毕竟名义上已统一了中国，不像之前的北洋军阀统治时期那样无序，而是有余力建构更完善的国家秩序了。自从孙中山提出三民主义的建国纲领，以他为首的革命党人和国民党人一直在为实现三民主义的建国目标而奋斗，其间他也结合时代变化对三民主义做出过不少新解释。1925年孙中山逝世后，国民党理论家戴季陶开始了他对孙中山思想的新阐发，力图通过将中山思想接续到中国传统的方式，以重建道统。他说，孙中山“随时随地，都尽力鼓吹中国固有道德的文化的真义，赞美中国固有道德的文化的价值，说明我们要复兴中国民族，先要复兴中国民族文化的自信力”。“中山先生的思想，完全是中国的正统思想，就是继承尧舜以至孔孟而中绝的仁义道德的思想。在这一点，

[1] 顾颉刚:《我是怎样编写古史辨的？》,《顾颉刚古史论文集》卷一，《顾颉刚全集》第1册，中华书局2010年版，第165页。

我们可以承认中山先生是二千年以来中绝的中国道德文化的复活。”[1] 这样的解释，尽管是将中山思想变成了所谓“戴季陶主义”，为不少国民党人所不满，但对于数年后通过北伐统一了全国的国民政府来说，却有其重要的现实功用，因它把国民党的主导意识形态和中国传统相接续，使得国民党的统治不仅具有现实法统依据，而且具有自古延续下来的道统依据，从而有助于自身统治之合法性与正统性的确立。一旦涉及传统和固有道德文化，将传统和道德文化视为“复兴中国民族文化的自信力”乃至“复兴中国民族”的前提，必然关联着如何看待中国历史、如何以“正确”的态度解释中国历史的问题，所以执国民党意识形态之牛耳的戴季陶才会对顾颉刚所编教科书如此光火。[2]

进而言之，这一事件的本质恐怕还是一个学术与

---

[1] 戴季陶：《孙文主义之哲学的基础》，桑兵、朱凤林编：《戴季陶卷》，中国人民大学出版社 2014 年版，第 415、425 页。

[2] 戴季陶与顾颉刚的个人关系不恶，1927 至 1929 年间戴季陶执掌广州中山大学时，顾颉刚任中大史学系教授兼主任，从旁大力相助，曾代戴作《致中大文科同学书》。顾编教科书查禁风波后的 1929 年夏，两人亦有私人交往、宴饮之事（见《顾颉刚日记》卷二，《顾颉刚全集》第 45 册，第 307—308 页）。可见戴季陶对顾编教科书的力主查禁，纯系理念问题，非为与顾颉刚个人为难。

时代的关系问题，是个体学术主张和现实需求如何协调的问题。学者从事学术研究，针对研究对象进行学理探讨，形成个体学术主张，此乃学者本分，无可争议；学者通过教科书的编撰，综合自己的研究成果，表达自己的学术主张，似也无可非议。顾颉刚的《本国史》就是依照学术标准，选择他认为合理的内容和观点进入教科书的，个人见解突出。他曾强调新编历史教科书，应有自己的主张和特点，认为以往的历史观有一大的弊端，就是好古薄今，甚至“由信古而变为迷古”，“所以弄得社会的生机停滞，成为暮气的世界。现在我们知道了这一层的弊害了，应当在历史教科里，把这观念改变过来，所有‘依托的学说’，如黄帝、管仲，‘理想的制度’，如封建、井田，‘淆乱的事实’，如‘儒、道、墨并道尧、舜，而取舍不同’的故事，如‘想当然耳’的故事，都应当彻底澄清一下，使大家弄清楚每一个时代和每一个社会的真实情形，建立成功一个新观念。我们应当使学生知道黄金时代不在过去而在未来”。不仅如此，编撰教科书在史实裁剪上也要非常严谨，“传闻中，几乎全没有信史的资格，我们更不能有丝毫的滥取。自盘古以至周公、孔子，都应该大删特删。伏羲、神农、黄帝，虽称说较盘古稍前，但也出于战国时人的杜造”[1]。可见顾颉刚是依自身的理念在编教科书，而且是以写学术著作的谨严态度为之，从而使得《本国史》不仅在教科书领域独步一时，而且在学术界也独树一帜，甚至一定程度上催生了其“层累地造成的中国古史”观的问世和“古史辨”学派的形成。[2] 不仅顾颉刚，大凡学有所长者编教科书都是如此，这样的教科书也易得到学术界的认可。如陈寅恪在给学生讲课时就曾提到，坊间的教科书以夏曾佑的《中学历史教科书》为最好，因它有自己的风格和想法，“作者以公羊今文家的眼光评论历史，有独特见解”。不像有些教科书“展转抄来，涉及的范围也很有限”。[3] 顾颉刚的教科书实际亦当得起这样的评价。与顾氏同时代的张荫麟，也以编历史教科书而闻名，他的《中国史纲》以说故事的方式出之，选择历史上

[1] 顾颉刚:《中学校本国史教科书编纂法的商榷》,《宝树园文存》卷三,《顾颉刚全集》第 35 册，第 25—26、29—30 页。

[2] 参见王红霞:《〈现代初中教科书 · 本国史〉与顾颉刚的史学思想》,《史学月刊》2014 年第 8 期，第 18—20 页。

[3] 蒋天枢:《陈寅恪先生编年事辑》(增订本)，上海古籍出版社 1997 年版，第 94、95 页。

的关键内容列目，进行专题式的透彻叙述，个人特色鲜明，故颇得好评，为学术界公认的佳作。可见教科书中选择合适的内容并出之以编者个人的观点主张，是为学术界所鼓励的。应该说这样的理念和做法都没问题，在北洋政府时期也未遭遇什么障碍，但到了国民党统一全国后的国民政府时期，政治形势的巨大变化，国民党意识形态的主导地位的确立，使得原来不成问题的论述这时也成了问题，顾颉刚的教科书由此遭逢厄运。实际上，作为国家政权，北洋政府未尝不想对教育、学术、文化等领域多所干预，只是力不从心而已；而相对强势的国民政府，以国民党意识形态为后盾，拥有一套应对思想文化事件的话语体系，对自身如何长治久安也有较为系统的思考，故对违逆其意志且又进入公共教育领域的学说予以封杀，就像前引戴季陶之言所表达的立场——“民族问题是一个大问题，学者们随意讨论是许可的，至于书店出版教科书，大量发行，那就是犯罪，应该严办。”这表明，对待教科书，学者和政权关注的程度以及关注点实际是有差异的。学者相对更为关心教科书的学术质量，而国民党政权则更为关心教科书的现实功用。

对于在教科书中写入自己的学术观点，顾颉刚后来有所回忆，他说："我一面编辑中学用《本国史》教科书，一面又在《读书杂志》上大力发挥推翻古史中神话传说的文章，两者不相冲突吗？唉，这个冲突是不可避免的！这个问题，我当时曾向编辑部里史地部主任朱经农谈过。他说：'现在的政府大概还管不到这些事吧，你只要写得隐晦些就是了。'我依他的话，不提'盘古'，对'三皇、五帝'只略叙其事，加上'所谓'二字，表示并不真实。这样做法，是商务印书馆里所出的教科书中早已有过的。"[1]这段话表明，一方面顾颉刚对在基础教育教科书中写明自己的学术观点并非没有顾虑，他很清楚学术著作和教科书的区别；另一方面朱经农之言透露出作为弱势政府的北洋政府无暇管理这类事情，不必太担心政治上的干预。这进一步证明了作为公共知识来源的历史教科书，是学者与政权、学术与政治之间博弈的产物，只不过博弈的时机和对象不同，就会产生不同的结果。顾颉刚自己

[1] 顾颉刚：《我是怎样编写古史辨的？》，《顾颉刚古史论文集》卷一，《顾颉刚全集》第 1 册，第 165 页。

也说过，他和夏曾佑所处时代不同，他对三皇、五帝的态度不比夏氏所编教科书激烈，但到了“国民党北伐号称成功，建都南京，各省设参议会，也要摆出一些‘民主’的架势”的时代，[1] 教科书的命运就全然不同了。实际上，不光是政治格局有变，顾颉刚的学术地位也在发生着巨大变化，1922 年还是普通学者，1929 年则已成为众所瞩目的“古史辨”派领袖，自然会受到当政者的特殊“关照”。

关于历史教科书的特殊性质和与现实的关联问题，不仅顾颉刚有其认识，其他学者也有各自见解。傅斯年的看法就是个典型例子。傅斯年是以独立的学术立场和高远的学术追求著称的史学家，一向力主在中国建设独立的、不受政治束缚的纯科学的历史学，但在对待历史教科书的态度上，则一反他讲求学术时的严苛，而以另一种态度发言。他主张：“在一人著书时，作史论，成一家言，本不无可，然而写起历史教科书来，若这样办，却是大罪过，因为这是以‘我’替代史实了。”“把历史教科做成一种公民教科，借历

[1] 顾颉刚：《我是怎样编写古史辨的？》，《顾颉刚古史论文集》卷一，《顾颉刚全集》第 1 册，第 165 页。

史事件做榜样，启发爱国心、民族向上心、民族不屈性、前进的启示、公德的要求、建国的榜样；借历史形容比借空话形容切实动听得多。”[1] 从这些话来看，傅斯年对历史教科书的特殊性有充分的理解，而且提倡学者编历史教科书时更多考虑其公民教科的性质，不要写成一家之言。当然，傅斯年此言出自 1935 年，与 1931 年“九一八事变”后逐步加深的民族危机的时代背景相关，“九一八事变”对傅斯年的影响极大，激发出他强烈的民族情感，促使他写出《东北史纲》这样的回应日本学者谰言的史著，民族主义史学的光彩显露无遗，所以他主张历史教科书应成为“启发爱国心、民族向上心、民族不屈性”的利器，强调史书在价值理性（道德理性）层面的作用。但同样是傅斯年，1928 年 10 月在《历史语言研究所集刊》第 1 期上所发表的《历史语言研究所工作之旨趣》中，却主张“近代的历史学只是史料学，利用自然科学供给我们的一切工具，整理一切可逢着的史料”。“我们反对疏通，我

[1] 傅斯年:《闲谈历史教科书》,《教与学》第 1 卷第 4 期，1935 年 10 月 1 日。

们只是要把材料整理好，则事实自然显明了。”[1] 他倡导的是完全客观的历史研究，将原始资料的重要性凸显到无以复加的程度，具有典型的工具理性特征，而非追求历史研究的社会价值。对于随后不久发生的顾颉刚《本国史》教科书案，未见傅斯年的具体态度，但从他此时的学术取向，不难揣测在总体立场上，他会采取维护顾颉刚独立发表学术主张的权利和反对当局以现实需求为由压制学者发表个人见解的态度，尽管他在对待中国上古史的看法上，其时已与顾颉刚有了不少分歧，两人的关系也渐趋疏远；[2] 而具体到发表顾颉刚主张的载体即作为民众教育工具之历史教科书的观点表述上，鉴于教科书的特有体裁和功用，他可能又会对戴季陶的立场有所同情。仅此而言，傅斯年恐已进入两难境地。

对于《本国史》教科书中被指责的学术观点，顾颉刚在 1936 年时仍在坚持，而且反驳了戴季陶等人

---

[1] 傅斯年:《历史语言研究所工作之旨趣》,《中央研究院历史语言研究所集刊》第 1 本第 1 分，1928 年 10 月。

[2] 由于在中国上古史研究的观念和方法上的差异，以及个性和发展学术的思路不同，傅斯年和顾颉刚 1927 年在中山大学共事起个人关系逐渐疏远，并时有恶化。

对他的批评，说:“我们民族的自信力真是建筑在三皇、五帝上的吗？”“我们的民族自信力应当建立于理性上。我们正应当把种种不自然的联络打断，从真诚上来结合。三皇、五帝既经一定不可信，万无维持其偶像之理。”[1]即在顾颉刚看来，学术研究和现实需求是有一致性的，史学研究的科学结论和民族国家建设的实际需要并不矛盾，“民族的自信力应当建立于理性上”，以学理为依托，而非一定要维持“不可信”的“偶像”信仰。就学者思维而言，这样的言论和理路不可谓不合理，但对于统一全国后的国民政府而言，急需的是建立起一个新的民族国家认同，希望历史学发挥重建民族历史和国家认同的功能，而于历史学的科学取向并不关注，也等不及历史学家拿出经充分论证的合乎民族国家认同需要的“科学”结论，一切以自身意识形态的需要为依归。所以，一边是学者的个体主张和学理探求，一边是国家政权的现实需求，在国家刚刚统一的时代语境下相遇于历史教科书这样的特殊载体中，欲求顾颉刚所希望的一致性，恐怕难以做到。

---

[1] 顾颉刚:《三皇考自序》,《顾颉刚古史论文集》卷二,《顾颉刚全集》第 2 册，第 22、23 页。

（二）

较之顾颉刚《本国史》教科书案，抗战时期发生在大后方的另一场争论可能更有名，也更能鲜明体现学者个体主张和现实需求的纠葛以及学术学理和民族主义的千丝万缕联系，这就是围绕“中华民族是一个”问题所展开的论争。

抗日战争爆发后，1938 年 10 月，顾颉刚历经坎坷，辗转到达大后方昆明，12 月出任云南大学教授，同时为昆明《益世报》主编《边疆周刊》，研讨边疆、民族问题，目的是“要使一般人对于自己的边疆得到些认识，要使学者们刻刻不忘我们的民族史和疆域史，要使企业家肯向边疆的生产事业投资，要使有志的青年敢到边疆去作冒险的考察，要把边疆的情势尽量供献给政府而请政府确立边疆政策，更要促进边疆同胞和内地同胞的精诚合作的运动，并共同抵御野心国家的侵略”[1]。如此言论，已清楚表明顾颉刚在大敌当前的

[1] 顾颉刚:《益世报・边疆周刊》发刊词，1938 年 12 月 19 日;《宝树园文存》卷四,《顾颉刚全集》第 36 册，第 321 页。

局势下，走上了学术经世之路。实际上，顾颉刚几年前便已开始将这样的选择付诸行动了。1934年2月，他与谭其骧商定编辑《禹贡半月刊》，在与谭氏合写的发刊词中就说："这数十年中，我们受帝国主义者的压迫真够受了，因此，民族意识激发得非常高。……民族与地理是不可分割的两件事，我们的地理学既不发达，民族史的研究又怎样可以取得根据呢？不必说别的，试看我们的东邻蓄意侵略我们，造了'本部'一名来称呼我们的十八省，暗示我们边陲之地不是原有的；我们这群傻子居然承受了他们的麻醉，任何地理教科书上都这样地叫起来了。这不是我们的耻辱？"[1]1935年10月23日，他在写给傅斯年的一封信中又说："弟所以创办禹贡学会，发行《禹贡半月刊》，即是你们编《东北史纲》的扩大，希望兴起读者们收复故土的观念，为民族主义的鼓吹打一坚实的基础。……我们这学会，研究各时代的地理沿革的都有人了。将来画出地理沿革图来，决不会像日本人的乱抄杨守敬图，而可对于

[1] 顾颉刚、谭其骧:《禹贡半月刊》发刊词,《禹贡半月刊》第1卷第1期,1934年3月1日;《顾颉刚古史论文集》卷五,《顾颉刚全集》第5册,第363—364页。

杨图作订正的工作了。在民族史方面，研究满、蒙、回、藏的也都有人，固然起始不会有很好的成绩，但只要这个会能够维持下去，也必有相当的收获。这两件事情做得好，我们这辈念书人总算对于我们的国家民族有了相当的贡献，不必以‘缓急无所济’自愧了。”[1]这些都表明在严峻的民族危机面前，顾颉刚已自觉调整了学术研究的方向和理路，力求以学术研究的实绩贡献于民族、国家大业。1937年“七七事变”之后，顾颉刚曾在西北停留一年，对西北各民族进行考察，同时不断通过写作、演讲等方式，倡导中华民族团结一体共同抵御外侮，用实际行动践行学术救国的理想。正是因为有了这样的铺垫，他1938年10月到昆明后，很快就投入到边疆、民族问题的研讨中。

1939年1月1日，顾颉刚在《益世报·星期论评》发表《“中国本部”一名亟应废弃》一文，指出：“中国的历代政府从不曾规定某一部分地方叫作‘本部’，中国的各个地理学家也不曾设想把某一部分国土定为‘本部’，在四十年前我们自己的地理书里更不曾见过

[1] 顾颉刚：《致傅斯年》，《顾颉刚书信集》卷一，《顾颉刚全集》第39册，第211页。

这‘本部’的称谓”，“这个名词就是从日本的地理教科书里抄来的”，是日本人“伪造历史或曲解历史来作窃夺我们的土地的凭证”，所以“我们必须废弃了这些习用的名词始能保卫我们的边疆，保卫了我们的边疆始能保卫我们的心脏；我们也必须废弃了这些习用的名词始能开发我们的边疆，开发了我们的边疆始能达到全国的统一”。[1]这篇文章延续了《禹贡半月刊》发刊词的思路，继续批驳日本学者为侵华而蓄意制造的“中国本部”概念，为抗战大业服务。傅斯年则给顾颉刚写了一封信，告诫顾务必注意讨论民族问题的分寸。信中指出：“民族”一词之界说应以“三民主义”的“民族主义”为标准，不应与之相违，“夫云南人既自曰‘只有一个中国民族’，深不愿为之探本追源，吾辈羁旅在此，又何必巧立各种民族之名目乎！今日本人在暹罗宣传桂、滇为泰族Thai故居，而鼓动其收复失地；英国人又在缅甸拉拢国界内之土司，近更收纳华工，广事传教。即迤西之佛教，亦有其立国之邪说……则吾辈正当曰‘中华民族一个’耳”。“如巧立民族之名，

[1] 顾颉刚：《“中国本部”一名亟应废弃》，《益世报·星期论评》，1939年1月1日；《宝树园文存》卷四，《顾颉刚全集》第36册，第90—92页。

以招分化之实，似非学人爱国之忠也。”“当尽力发挥‘中华民族是一个’之大义，证明夷、汉之为一家，并可以汉族历史为证。即如我辈，在北人谁敢保证其无胡人血统，在南人谁敢保证其无百粤、苗、黎血统。今日之云南，实即千百年前之江南、巴蜀耳。此非曲学也。”[1]1939年2月6日，顾颉刚收到傅斯年寄来的信，次日他就以《中华民族是一个》为题著文，文中概括了傅斯年信的核心主张，提出“我们决不能滥用‘民族’二字以召分裂之祸。‘中华民族是一个’这是信念，也是事实。我们务当于短期中使边方人民贯彻其中华民族的意识，斯为正图”。进而从历史、文化、现实等方面论证“中华民族是一个”的主题，说：“因为我们从来没有种族的成见，只要能在中国疆域之内受一个政府的统治，就会彼此承认都是同等一体的人民。‘中华民族是一个’，这话固然到了现在才说出口来，但默默地实行却已有了二千数百年的历史了。”“我们被称为汉人的，血统既非同源（可以说国内什么种族都有，亚洲的各种族也都有），文化也不是一元，我

[1] 《傅斯年致顾颉刚》(1939年2月1日)，王汎森、潘光哲、吴政上主编：《傅斯年遗札》第2卷，社会科学文献出版社2014年版，第721—722页。

们只是在一个政府之下营共同生活的人，我们决不该在中华民族之外再有别的称谓。”“中国之内决没有五大民族和许多小民族，中国人也没有分为若干种族的必要（因为种族以血统为主，而中国人的血统错综万状，已没有单纯的血统可言）。”“中华民族是浑然一体，既不能用种族来分，也不必用文化来分，都有极显著的事实足以证明。”文末用口号式语言说：“在我们中国的历史里，只有民族的伟大胸怀而没种族的狭隘观念！我们只有一个中华民族，而且久已有了这个中华民族！我们要逐渐消除国内各种各族的界限，但我们仍尊重人民的信仰自由和各地原有的风俗习惯！我们从今以后要绝对郑重使用‘民族’二字，我们对内没有什么民族之分，对外只有一个中华民族！”[1] 可见在看待“中华民族”的问题上，顾颉刚和傅斯年同气相求，立场是一致的。实际上，这也并非他们忽发此论，此前的相关探讨和言论已为此打下根基。1935年12月，傅斯年就已在《独立评论》上发表过《中华民族是整个的》，强调中国“经过殷周两代的严格政治之约束，东

[1] 顾颉刚:《中华民族是一个》,《益世报·边疆周刊》,1939年2月13日；《宝树园文存》卷四,《顾颉刚全集》第36册，第94—106页。

周数百年中经济与人文之发展，大一统思想之深入人心”，所以有秦汉的统一，“我们中华民族，说一种话，写一种字，据同一的文化，行同一的伦理，俨然是一个家族。也有凭附在这个民族上的少数民族，但我们中华民族自古有一种美德，便是无歧视小民族的偏见，而有四海一家之风度。……到了现在，我们对前朝之旗籍毫无歧视，汉满之旧恨，随清朝之亡而消灭。这是何等超越平凡的胸襟！所以世界上的民族，我们最大；世界上的历史，我们最长。这不是偶然，是当然。‘中华民族是整个的’一句话，是历史的事实，更是现在的事实。有时不幸，中华民族在政治上分裂了，或裂于外族，或裂于自身。在这时候，人民感觉无限痛苦，所渴望者，只是天下一统。未统一时，梦想一统；既一统时，庆幸一统；一统受迫害时，便表示无限的愤慨。文人如此，老百姓亦复如此。居心不如此者，便是社会上的捣乱分子，视之为败类，名之曰寇贼，有力则正之以典刑，无力则加之以消极的抵抗”。[1]1937 年 1

[1] 傅斯年:《中华民族是整个的》,《独立评论》第 181 号，1935 年 12 月 15 日；欧阳哲生主编:《傅斯年全集》第 4 卷，湖南教育出版社 2003 年版，第 125—126 页。

月，顾颉刚在《申报·星期论坛》发表《中华民族的团结》，说："在中国的版图里只有一个中华民族"，"帝国主义的国家知道我们各族间的情意太隔膜了，就用欺骗手段来作分化运动。……如果我们再不做防微杜渐的工作，预遏将来的隐忧，眼看我们国内活泼泼的各族将依次做了呆木木的傀儡而同归于尽了！"主张在物质、精神、行政三方面努力以加强中华民族的团结。[1]同年 11 月，顾颉刚又发表《如何可使中华民族团结起来》，再次强调"我们国内就只有一个中华民族"，建议为求中华民族的团结，应做三项工作，"（一）表章并推广各族优良文化，（二）搜集并创作各族共有的中国通史，（三）建立为各族求自由平等的舆论机关"。[2]1947 年顾颉刚将该文修改后再发表于《西北文化》创刊号时，曾附跋文，说明那篇著名的《中华民族是一个》与该文关系密切，是对该文意思"加以扩充"的结果。所有这些都表明，在抗战爆发前后的民

---

[1] 顾颉刚：《中华民族的团结》，《申报·星期论坛》，1937 年 1 月 10 日；《宝树园文存》卷四，《顾颉刚全集》第 36 册，第 49—52 页。

[2] 顾颉刚：《如何可使中华民族团结起来》，《民国日报》（甘肃），1937 年 11 月 10—14 日；《宝树园文存》卷四，《顾颉刚全集》第 36 册，第 59—64 页。

族危急关头，傅斯年、顾颉刚皆已本着学术救国理念，将学术主张直接用于挽救民族危亡的事业中，《中华民族是一个》只不过是他们数年倡导的一个观念的结晶，但在1939年西南地区的特殊环境和时局下，引发了更大的关注。

自从1938年春国民党在临时全国代表大会上公布了《抗战建国纲领》后，"抗战建国"成为国民政府战时的指导思想与方针，国民党开动大量宣传机器鼓动这一方针，不少军政要员撰写出版以"民族复兴"为题的宣传性著作，以配合《抗战建国纲领》的实施。在这种情势下，1939年的西南，正被建设为抗战大后方和"抗战建国"的基地，谈论民族团结、民族复兴以服务于抗战大业的言论备受关注。所以，顾颉刚的《中华民族是一个》一发表，就在社会上和学术界激起极大反响。就社会舆论而言，重庆《中央日报》以及陕西、安徽、湖南、贵州、广东等地的报纸纷纷做了转载，从而广为人知。在学术界则有一些学者踊跃讨论，其他不论，仅顾氏所主持的《益世报·边疆周刊》栏目就收到不少讨论文章和信件。陆续发表在《益世报·边疆周刊》或《星期论评》上的文章和信件主要有张维华的《读了顾颉刚先生的“中华民族是一个”之后》（1939年2月27日）、白寿彝的来函（后附顾颉刚按语，1939年4月3日）、费孝通的《关于民族问题的讨论》（1939年5月1日）、马毅的《坚强“中华民族是一个”的信念》（1939年5月7日）等等。这些文章和信件大都对顾颉刚的观点表示赞同，但费孝通的文章则对顾氏的观点提出了不同意见。费孝通依托西方人类学、民族学理论，根据自己的专业特长和研究心得，对顾文提出几个问题，特别是就“民族”“种族”这类词汇发问，认为顾氏所说“民族”是“指在同一政府之下，在同一国家疆宇之内，有共同利害，有团结情绪的一辈人民。在‘民族’之内部可以有语言、文化、宗教、血统不同‘种族’的存在”。经中英文对照解析后，费孝通指出：“先生所谓‘民族’和通常所谓‘国家’相当，先生所谓‘种族’和通常所谓‘民族’相当。……既然‘民族’等字有了不同的用法，我们不妨在讨论时直接用‘政治团体’、‘语言团体’、‘文化团体’甚至‘体质团体’。若把这些名词来诠释先生所谓‘中华民族是一个’，我们或者可以这样说法：‘中华民国境内的人民的政治团体是一个。’这句话说来似乎很没有力，因为中华民国既是一个国家，逻辑上讲自然是指一个政治团体。”依费孝通的概念，国家是“政治团体”，“国家不是文化、语言、体质团体”，即国家和民族不是一回事，所以“我们不必否认中国境内有不同的文化、语言、体质的团体”，即不必否认中国境内有不同民族的存在。费孝通进而指出：“在社会接触的过程中，文化、语言、体质不会没有混合的，可是这些混合并不一定会在政治上发生统一的。”而要“谋政治上的统一，不一定要消除‘各种各族’以及各经济集团间的界限，而是在消除因这些界限所引起的政治上的不平等”。“文化、语言、体质上的分歧是不容易混一的，若是我们的目的在建设一个现代民主国家，文化、语言、体质上没有混一的必要。若是我们的国家真能做到‘五族共和’，组成国家的分子都能享受平等，大家都能因为有一个统一的政治团体得到切身的利益，这个国家一定会受各分子的爱护。不但不易受任何空洞名词的分化，而且即使有国外强力的侵略，自然会一同起来抗战的。”[1] 可见费孝

[1] 费孝通:《关于民族问题的讨论》,《益世报·边疆周刊》，1939 年 5 月 1 日；载《顾颉刚全集》第 36 册，第 133—140 页。

通是在学理层面与顾颉刚进行商榷，至于顾氏在大敌当前的抗战背景下的写作意图，他也是充分理解并有同情的。

针对费孝通的质疑，顾颉刚作了两篇《续论“中华民族是一个”》予以答复。他说:“我当初也以为文化、语言、体质等项是分别民族的标准……但是九一八的炮声响了，伪满洲国在伪‘民族自决’的口号下成立了，我才觉得这‘民族’二字不该随便使用，开始慎重起来。”“我想帝国主义者为要达到他们瓜分我们土地的大欲望，造出这种分化我们的荒谬理论来，我们的知识分子被他们迷蒙了心，又替他们散布这种荒谬的种子到各处去，若不急急创立一种理论把这谬说挡住，竟让它渐渐深入民间，那么我们的国土和人民便会随处携贰了，数千年来受了多少痛苦而抟合成功的民族便会随时毁灭了！”即在顾颉刚眼里，民族理论和“民族自决”的一些提法，背后有帝国主义者的政治意图和侵略野心，所以“民族”一词应慎用。他还就此告诫费孝通等人:“抗战以来，我们的社会学者和人类人种学者大都到了边省，正有用武之地，从体质和言语文化等等来看，中国境内究有几多种族，靠了他们的努力，不久我们便可明白，这是我们十分感谢的。但我觉得还该唠叨几句：诸位先生作的报告和论文之中最好不要用‘苗民族’、‘瑶民族’、‘罗罗民族’、‘摆夷民族’等字样，免得一般人耳濡目染，误会为他们真是一个民族，以致野心家乘机兴起，陷国家于支离破碎的境地。苟其不然，竟使我这过虑不幸而言中，那时帝国主义者定要在旁拍手大笑，说我们帮助了他们的分化之劳了。”[1] 对于“民族”的构成问题，顾颉刚再次重申：“体质、语言和文化都不是构成民族的条件。真正构成民族的条件只有一个，就是‘团结的情绪’。民族的构成是精神的，非物质的；是主观的，非客观的。一群人中，各个人的社会地位、宗教信仰、经济利益、皮肤颜色，这样那样尽可不同，彼此间的冲突也尽管不免，但他们对于自己的民族都抱着同样的爱护之情，一旦遇到外侮，大家便放下了私争而准备公斗，这便是民族意识的表现。所谓民族意识，只是一个团结的

[1] 顾颉刚：《续论“中华民族是一个”——答费孝通先生》，《益世报·边疆周刊》，1939 年 5 月 8 日；该文日后修改成两文，一是《我为什么要写“中华民族是一个”》，一是《再论“本部”和“五族”两个名词》，收入《宝树园文存》卷四，《顾颉刚全集》第 36 册，第 109—122 页。

情绪。……民族是由政治现象（国家的组织、强邻的压迫）所造成的心理现象（团结的情绪）。民族和语言、文化、体质固然常常容易发生关系，因为凡是同语言、同文化和同体质的人总是比较相处的近，容易团结起来；但民族的基础决不建筑在语言、文化和体质上，因为这些东西都是顺了环境而演进的，民族则是凭了人们的意志所造成。因此，一个民族里可以包含有许多异语言、异文化、异体质的分子，如美国；而同语言、同文化、同体质的人们却可因政治和地域的关系而分作两个民族，如英和美。”[1]很显然，顾颉刚在这里把“民族”和“民族意识”等同了起来，而且是用“国族”概念来界定“民族”，甚至把英、美这样的国家概括为“民族”。

顾颉刚这两篇文章发表后，并未见费孝通予以回应。这并非因为费孝通被顾氏的论证所折服，而是由于费孝通担心在那样的时代环境下，继续辩论下去收不到好的效果。费氏晚年曾对这次论争有过回忆，说

[1] 顾颉刚：《续论“中华民族是一个”——答费孝通先生（续）》，《益世报·边疆周刊》，1939 年 5 月 29 日；该文日后修改为《续论“民族”的意义和中国边疆问题》，收入《宝树园文存》卷四，《顾颉刚全集》第 36 册，第 123—132 页。

明了自己没有再写回应文章的缘由，说："后来我明白了顾先生是激于爱国热情，针对当时日本帝国主义在东北成立'满洲国'，又在内蒙古煽动分裂，所以义愤膺胸，极力反对利用'民族'来分裂我国的侵略行为。他的政治立场我是完全拥护的。虽则我还是不同意他承认满、蒙是民族是作茧自缚或是授人以柄，成了引起帝国主义分裂我国的原因。而且认为只要不承认有这些'民族'就可以不致引狼入室。借口不是原因，卸下把柄不会使人不能动刀。但是这种牵涉到政治的辩论对当时的形势并不有利，所以我没有再写文章辩论下去。"[1]平心而论，费孝通当时的见解，如不能把国家和民族混为一谈，不必否认中国境内有不同民族的存在，防止国家分裂并不在于各群体是否被称作"民族"，而在于如何实现群体之间的平等，等等，是合于学理并具有超越色彩的，只不过在外敌当前的时代大环境下，既不具备学理上从容讨论此类问题的条件，又有讨论下去不利于抗战大业的危险，故只能权且搁置。

---

[1] 费孝通:《顾颉刚先生百年祭》,《费孝通全集》第 14 卷，内蒙古人民出版社 2009 年版，第 269—270 页。

对于“中华民族是一个”问题的争辩，傅斯年没有公开参加，但这并不表明他对此没有态度。前已言及，“中华民族是一个”的表述本是傅斯年致顾颉刚信的核心内容，且傅氏早在1935年就发表了《中华民族是整个的》一文，为“中华民族是一个”的表述奠定了根基。而在1938年秋至1939年春，几乎与“中华民族是一个”论争发生的同时，傅斯年恰在昆明撰写《中国民族革命史稿》;《史稿》写成的部分虽只包含第一章“界说与断限”和第四章“金元之祸及中国人之抵抗”，但已有的内容已充分说明中华民族的整体性及其具有的抵御外侮百折不挠的民族精神，认为中华民族虽在名词上有汉、满、蒙、回、藏等族，但事实上乃为一族。书中说:“汉族一名，在今日亦已失其逻辑性,不如用汉人一名词。若必言族,则皆是中华民族耳。夫族之所以为族者，以其血统相贯，如家族之扩充耳。然汉人之伟大处正在其血统不单元，历代之中，无时不吸取外来之血脉，故能智力齐全，保其滋大。”“今日之北人，谁敢保其无胡人血统？今日之南人，谁敢保其无蛮越血统？故满洲人在今日变为汉人之情况，即元氏在唐代变为汉人之情况也。今日西南若干部落中人变为汉人之现象，即我辈先世在千年前经过之现象也。”“然则论原始论现事，与其曰汉族，毋宁曰汉人，名实好合也。若必问其族，则只有一体之中华民族耳。”[1] 这里所表明的立场，和顾颉刚极为一致，所以在“中华民族是一个”这场论辩中，他是毫无保留地站在顾颉刚一边的。不仅如此，他还在费孝通的文章发表之后，欲从行政上干预此事。费孝通本是吴文藻的学生，傅斯年觉得费孝通写这篇文章背后有吴文藻在指使，此时吴文藻正受中英庚款董事会的委派在云南大学工作，于是傅致函该会董事长朱家骅和总干事杭立武，希望将吴文藻他调。函中说：顾颉刚“论中华民族是一个（即谓不要分满、汉、蒙、回、藏、苗、瑶、猓猓等等），其中自有缺陷，然立意甚为正大，实是今日政治上对民族一问题惟一之立场。吴使其弟子费孝通驳之，谓中国本部一名词有其科学的根据，中华民族不能说是一个，即苗、瑶、猓猓皆是民族，一切帝国主义论殖民地的道理他都接受了。……此地正在同化中，来了此辈‘学者’，不特以此等议论对同化

[1] 傅乐成:《傅孟真先生的民族思想》，王为松编:《傅斯年印象》，学林出版社 1997 年版，第 203—205 页。

加以打击，而且专刺激国族分化之意识，增加部落意识。盖此等同化之人本讳言其渊源，今言之不已，轻则使之生气，重则使之有分离汉人之意识，此何为者哉？夫学问不应多受政治之支配，固然矣。然若以一种无聊之学问，其恶影响及于政治，自当在取缔之例。吴某所办之民族学会，即是专门提倡这些把戏的，他自己虽尚未作文，而其高弟子费某（亦贵会补助之人）则大放厥辞。若说此辈有心作祸，固不然。然以其拾取‘帝国主义在殖民地发达之科学’之牙慧，以不了解政治及受西洋人恶习太深之故，忘其所以，加之要在此地出头，其结果必有恶果无疑也”[1]。该函一方面表达了傅斯年支持顾颉刚的严正立场，另一方面也表现出傅氏颇为浓烈的党同伐异、意气用事的情绪，超出了正常的学术讨论界限。进而言之，傅斯年并非是

[1]《傅斯年致朱家骅、杭立武》(1939 年 7 月 7 日),《傅斯年遗札》第 2 卷，第 767—768 页。有学者认为，傅斯年当时之所以“痛恨”吴文藻在云南的有关活动和主张，“除了不喜欢人类学特有的那种专以‘保护’少数民族的权益及其文化特性为职志的‘为学术而学术’的姿态，以为容易激发其离异意识，从而不利于民族融合和抗战建国之外，恐怕与吴氏本身并不讳言公开取法苏联的民族建设思路与模式，也不无一定关系”。见黄兴涛:《重塑中华：近代中国“中华民族”观念研究》，第 292 页。

对中国的民族多样性视而不见，但基于中国人民需要建立统一的国家认同的现实需求，他认为在一个国家之内不宜提倡这种多样性，他的留德背景恐怕也对其主张形成某种支持。[1]

可以说，在大敌当前的抗日战争时期，顾颉刚、傅斯年这样的历史学者选择的是学术研究为现实服务之路，中国史学的经世致用传统在他们身上得到了最大限度的继承与发扬。不仅他们，这一时期陈垣写作《通鉴胡注表微》，力扬“有意义之史学”；余嘉锡著《杨家将故事考信录》以鼓舞人心，同仇敌忾；钱穆撰《国史大纲》来激发民众民族主义情感；等等，率皆如此。实际上，作为民族学家、人类学家的费孝通等人也无不抱拥爱国情怀。费孝通纯粹是基于学理，从名词概念入手探讨问题，而在维护国家、民族利益方面实与顾颉刚无任何区别，一旦发现某些言论对抗战大业不利，即刻停止言说。所以，某种程度上，以学经世成为这一时期的主导性

[1] 留学德国，使得傅斯年非常了解德意志思想系统里的那种族群边界必须与国家的政治边界重叠的族群民族主义观念，它自康德、赫尔德的思想延续而来。

倾向。

（三）

从《本国史》教科书案到“中华民族是一个”的论争，顾颉刚一直都是主角，傅斯年则是从旁或在背后发挥作用。角色的不同，实际关联着两人看待学理探讨与政治现实的既同一又相异的态度，也和两人对政治的理解深度与介入程度有差相关。

顾颉刚和傅斯年本系北京大学的同学，为五四新文化运动中成长起来的青年学者，也均得到过胡适的欣赏和信赖。尽管两人北大毕业后一个留在国内，一个赴欧留学，但皆是在“民主与科学”的时代大潮中崛起为一代优秀学者的；西方学术的精神，特别是为学术而学术、学术独立的理念对他们影响至深。1926 年顾颉刚在《古史辨第一册自序》中说：“薄致用而重求是，这个主义我始终信守。”[1] 此一治学理念的信守，在顾颉刚“古史辨派”的形成和相关

[1] 顾颉刚：《古史辨第 1 册自序》，《顾颉刚古史论文集》卷一，《顾颉刚全集》第 1 册，第 23 页。

成果的取得中，发挥了至关重要的作用。1928 年傅斯年在《历史语言研究所工作之旨趣》中说："把些传统的或自造的'仁义礼智'和其他主观，同历史学和语言学混在一气的人，绝对不是我们的同志！"[1] 此语表明他不追求历史研究的主观价值和社会价值，将历史研究的现实性排斥在外。这样一种崇尚纯粹学术、倡导学用分离的主张，在北洋政府时期和国民政府统治之初是学术界较为认可的取向。但到 1931 年"九一八事变"后，严峻的民族危机使得很多学者改变了态度，中国学术中固有的经世致用传统再次成为主导，顾颉刚创办禹贡学会、编辑出版《禹贡半月刊》，傅斯年写《东北史纲》，皆是这一传统在新形势下的发扬。1937 年全面抗战爆发后，顾颉刚、傅斯年更是通过一些途径，用自身学问为抗战大业服务。正是由于为学宗旨发生了改变，所以傅斯年才对吴文藻、费孝通等在西南所做的民族学、人类学研究工作不满，斥责他们说："今中原避难之'学者'，来此后大在报屁股上做文，说这些地

[1] 傅斯年：《历史语言研究所工作之旨趣》，《中央研究院历史语言研究所集刊》第 1 本第 1 分，1928 年 10 月。

方是猓猓，这些地方是僰夷……，更说中华民族不是一个，这些都是‘民族’，有自决权，汉族不能抹视此等少数民族。更有高调，为学问作学问，不管政治……。弟以为最可痛恨者此也。”[1] 这样的论调，和傅斯年以往坚持的为学术而学术、不求致用的理念大相径庭，不由使人感叹时代环境和世道变化的力量。

相较而言，作为中央研究院历史语言研究所所长并身兼各类政治、社会职务的傅斯年，对于社会现实和政治时局，比顾颉刚了解得更为深透一些，与当政者的交往也更多。故而抗战爆发后，尽管傅斯年认为学术可为现实服务，但出于对政治干预学术、妨碍学术独立的思虑，也基于他深知学术研究特别是人文、社会方面的研究成果和社会现实及政治的复杂纠葛，所以他不提倡多讨论边疆、民族之类的敏感问题。在顾颉刚为昆明《益世报》主编《边疆周刊》时，他就规劝顾氏“少谈‘民族’、‘边疆’等等在此有刺激性之名

[1] 《傅斯年致朱家骅、杭立武》(1939 年 7 月 7 日),《傅斯年遗札》第 2 卷，第 768 页。

词”[1]，并主张把民族、边疆问题归结于政治，说这方面政府应做两事，“（一）宣扬‘中华民族是一体’之大义。（二）对此等‘学问’施以合理的管理”，而学术界应当加以配合，[2]“多写文字，集为专册，阐论‘中华民族之混合性’，证明汉人系大混合而成，其中南越、北胡，成分甚多，以混合之密，遂为一体。今日之西南，即千年前之长江也”。同时他也声明自己“素不主张政府统制学术，然此一学术，毛病太大，其本身颇陷于抄袭‘帝国主义在殖民地发展之学说’。兼以暹罗问题吵起来，不可不防也。凡有刺激边民，使其有分化意识者，不可为也”[3]。可见在对待这一特定时期、地域

[1] 《傅斯年致朱家骅、杭立武》（1939 年 7 月 7 日），《傅斯年遗札》第 2 卷，第 767 页。

[2] 傅斯年领导中研院史语所编撰《中国民族革命史》，即是配合之举动，该书实为朱家骅委托、国民党党史编纂委员会组织之读物，傅“思以三周写成，其不能为佳作，可以想见矣”。见《傅斯年致朱家骅》（1939 年 1 月 16 日）、《傅斯年致国民党党史编纂委员会》（1939 年 2 月），《傅斯年遗札》第 2 卷，第 719、723 页。

[3] 《傅斯年致杭立武》（1939 年 8 月 11 日），《傅斯年遗札》第 2 卷，第 777 页。

的民族、边疆问题时，傅斯年将其归入政治领域，[1]不主张作为学术问题来讨论，甚至对以此类问题为核心研究对象的部分民族、人类学者充满偏见，[2]故而他不公开参与“中华民族是一个”的讨论，仅在书信往来等私人场合发表意见。

与傅斯年一样，顾颉刚在抱持独立的学术立场的同时，也深知某些问题的讨论与政治现实息息相关，分寸不易把握。但作为大学教授和知名学者，他的影

[1] 对于研究民族、边疆问题会带来政治对学术的干预，傅斯年非常警惕。1942 年初，时任国民党中央组织部长、中央研究院代理院长的朱家骅，向傅斯年征求在中研院内设立边疆研究所的意见，傅表示“政府所望于此所（如用边疆之名义）者，是发挥其政治之作用，中央研究院以后固必尽其对于政府之学术、技术上之帮助，但终以去政治不太近为宜耳”，故“上策是不办”。[《傅斯年致朱家骅》（1942 年 2 月 15 日），《傅斯年遗札》第 3 卷，第 930 页。] 这表明他坚持学术独立信条，欲为中研院守住一方学术净土，不想让与现实和政治关联过多的领域进入学术圣地。

[2] 傅斯年并非一概反感民族学、人类学，他领导下的中研院史语所抗战时也在西南地区进行民族调查，芮逸夫、凌纯声等为此做了大量工作。根据田野调查，芮逸夫发表了一系列关于“中华国族”的文章，和“中华民族是一个”的观点相互配合。（参见黄克武：《民族主义的再发现：抗战时期中国朝野对“中华民族”的讨论》，《近代史研究》2016 年第 4 期，第 15 页。）可见傅所反感者主要为观点相异的史语所外的吴文藻、费孝通等人，观点之争外，这里还有党同伐异的意味。

响力更多是在学术界，尽管抗战之前和抗战期间他都和朱家骅有很多交往，甚至被视为是朱与二陈 CC 派争斗中的重要人物之一，然其在政府体制内的介入并不深，所办“事业”往往是靠私人交情，不能比之拥有国家机构中研院史语所做后盾的傅斯年，与政界的交往也比傅斯年少得多，对政界的影响力亦远不如傅，所以他对政治的复杂性和政治与学术之微妙关系的理解，不如傅深透。如前所述，对于《本国史》教科书中被戴季陶等人指责的学术观点，顾颉刚在 1936 年时仍在坚持，而且反驳对他的批评。以学者思维而言，这种做法自有其合理性，但对于统一全国后的国民政府而言，所急需的是历史学能发挥重建民族历史和国家认同的功能，现实需求才是最重要的，而历史学的科学性是另一层面的问题。政治和学术之间的不同取向和标准，自然使得戴季陶与顾颉刚难有沟通对话的基础。在讨论“中华民族是一个”问题时，顾颉刚也希望在适应现实政治需要的同时，学理上亦能有充分研讨的空间。他承认“应当留神使用这‘民族’二字”，但觉得不能讳疾忌医，不再研讨，“有一种人小心过甚，以为国内各种各族的事情最好不谈，谈的结果适足以召分裂之祸。记得前数年就有人对我说：‘边地人民不知道他们自己的历史时还好驾驭；一让他们知道，那就管不住了。’但我觉得，这是讳疾忌医的态度，我们不当采取”[1]。因此他主持的《益世报·边疆周刊》成为讨论民族、边疆问题的园地，发表了来自各方的不同议论，一本于以往他主持《古史辨》的风范。此种做法，在这一特殊时期和特殊环境下，难以得到与之有认知差异的傅斯年的认同。

傅斯年对于民族、边疆问题属于政治领域的判断和认识，既缘于其浓厚的民族主义意识，亦与国民党的正统民族观念和国家认同理念息息相关。1912 年中华民国建立后，孙中山立即抛弃了过往排满的民族革命目标，接受“五族共和”思想作为处理国内民族关系的准则。所谓“五族共和”，就是“合全国人民，无分汉、满、蒙、回、藏，相与共享人类之幸福”，民族统一是它的基本原则。推行“五族共和”，令统一多民族共和思想开始深入人心。不过孙中山的思想并未止步于“五族共和”，他反对泛泛而谈“五族共和”，

[1] 顾颉刚:《中华民族是一个》,《益世报·边疆周刊》,1939 年 2 月 13 日；《宝树园文存》卷四,《顾颉刚全集》第 36 册，第 94、104 页。

而是要求以汉族为主体，积极团结国内各民族，组成一个“中华民族”。1919年五四运动后，是孙中山谈论“中华民族”最为集中的时期。他说：“现在说五族共和，实在这五族的名词很不切当。我们国内何止五族呢？我的意思，应该把我们中国所有各民族融成一个中华民族；并且要把中华民族造成很文明的民族，然后民族主义乃为完了。”[1]即发展与升华“五族共和”，创建“中华民族”新族体，才是三民主义中“民族主义”新的奋斗目标。他还说：“中华民族者，世界最古之民族，世界最大之民族，亦世界最文明最大同化力之民族也。……然而最文明高尚之民族主义范围，则以意志为归者也。……又美利坚之民族，乃合欧洲之各种族而熔冶为一炉者也。……即汉族当牺牲其血统、历史与夫自尊自大之名称，而与满、蒙、回、藏之人民相见于诚，合为一炉而冶之，以成一中华民族之新主义……斯为积极之目的也。”[2]“务使满、蒙、回、藏同化于我汉族，成一大民族主义的国家。……仿美利

[1] 孙中山：《在上海中国国民党本部会议的演说》，《孙中山全集》第5卷，中华书局1985年版，第394页。

[2] 孙中山：《三民主义》，《孙中山全集》第5卷，第185—188页。

坚民族底规模，将汉族改为中华民族，组成一个完全底民族国家，与美国同为东西半球二大民族主义的国家。……将来无论何种民族参加于我中国，务令同化于我汉族。”[1]在这里，孙中山将“中华民族”视为“世界最文明最大同化力之民族”，是由汉族“与满、蒙、回、藏之人民相见于诚，合为一炉而冶之”，实际体现的观念乃民族同化，主张的是以同化为基础的一元一体的“中华民族”观，即以汉族同化满、蒙、回、藏等其他民族而形成一个中华民族，像“美利坚民族”一样，建立起一个“中华民族”的民族国家，最终成为“一为民所有、为民所治、为民所享之国家，以贻留我中华民族子孙万年之业”。[2]这样的“中华民族”实际已非一般意义上的“民族”，乃是一“国族”。到了1923年后，由于受到共产国际和新成立的中国共产党所提出的“民族自决权”思想的影响，孙中山这种以同化为基础的一元一体的“中华民族”观，为以

[1] 孙中山:《在中国国民党本部特设驻粤办事处的演说》,《孙中山全集》第5卷，第473—475页。

[2] 孙中山:《八年今日》,《孙中山全集》第5卷，第132页。

平等为基础的多元一体的“中华民族”观所取代。[1]不过在孙中山身后，国民党仅将其1923年前的“中华民族”观作为正统观念予以继承和发扬，而不愿承认其1923年后的变化。1925年戴季陶在《孙文主义之哲学的基础》里就一再以笼统的“中国民族”概念来指称统一的中华民族，喊出“你是甚么民族？我是中国民族”的口号，认为历史上“我们的民族，由单纯血统的部落，靠着文化的结合，成为一个大的文化民族，地域和人口逐渐扩张，文化的内容也逐渐充实，于是国家的形体，渐渐具备”，所以实现孙中山的民族主义，“第一步就是要恢复中国民族固有之道德文化”。[2]在这里戴季陶把中国民族界定为统一的“文化民族”，认为中国国家的基础奠定于此，实际仍是在文化层面上彰显中国民族的“国族”特色。此后到了蒋介石那里，就更是强调以同化为基础的一元一体的“中华民族”观。在1942年发表的《中华民族整个共同的责任》的讲话

[1] 郑大华:《论晚年孙中山“中华民族”观的演变及其影响》,《民族研究》2014年第2期，第64—69页。

[2] 戴季陶:《孙文主义之哲学的基础》,《戴季陶卷》，第432、427、422页。

里，蒋介石反复说明“中华民族是一个”，包括汉、满、蒙、回、藏在内的所有民族都只能称为“宗族”，而不能称为“民族”。而后在其署名的《中国之命运》中，蒋介石又指出：“就民族成长的历史来说：我们中华民族是多数宗族融和而成的。这多数的宗族，本是一个种族和一个体系的分支，散布于帕米尔高原以东，黄河、淮河、长江、黑龙江、珠江诸流域之间。他们各依其地理环境的差异，而有不同的文化。由于文化的不同，而启族姓的分别。然而五千年来，他们彼此之间，随接触机会之多，与迁徙往复之繁，乃不断相与融和而成为一个民族。但其融和的动力是文化而不是武力，融和的方法是扶持而不是征服。自五帝以后，文字记载较多，宗族的组织，更斑斑可考。四海之内，各地的宗族，若非同源于一个始祖，即是相结以累世的婚姻。……古代中国的民族就是这样构成的。”[1] 这样的言论，无非是说中国只有一个民族，那就是“中华民族”，其他所谓的“民族”都是“宗族”，“中华民族是多数宗族融和而成的”，从而形成一个“宗族－国族”

[1] 蒋中正:《中国之命运》，青年军出版社印行（无出版年代），第 2 页。

论，使一元一体的“中华民族”观更加得以强化。相较而言，孙中山并不否认中国各民族的存在，他只是想通过汉族来同化满、蒙、回、藏等民族以形成一个“中华民族”，而蒋介石则认为中国自古以来就只有各个宗族，否认中国是一个多民族的国家，如果说有“民族”，那就只有一个“国族”，即“中华民族”。

从孙中山到蒋介石，一元一体的“中华民族”观被不断申说和强化，在国民党意识形态中占据着主导地位，特别是蒋介石在抗战相持阶段的这种强调，显然关联着“抗战建国”之纲领和目标的实现，为特殊历史时期的必然举措。在这样的历史语境下，学者关于“中华民族是一个”之类的观点和讨论，自然与此种政治主张有相呼应和互动之处，甚至会影响或强化这种主张。1935 年傅斯年在《中华民族是整个的》的文章里，就强调“我们中华民族，说一种话，写一种字，据同一的文化，行同一的伦理，俨然是一个家族”[1]。在 1938 至 1939 年间撰写的《中国民族革命史稿》里，傅斯年干脆主张“汉族一名，在今日亦已失

[1] 傅斯年:《中华民族是整个的》,《独立评论》第 181 号，1935 年 12 月 15 日;《傅斯年全集》第 4 卷，第 125 页。

其逻辑性，不如用汉人一名词。若必言族，则皆是中华民族耳。夫族之所以为族者，以其血统相贯，如家族之扩充耳”“与其曰汉族，毋宁曰汉人，名实好合也。若必问其族，则只有一体之中华民族耳”[1]。较之此后蒋介石“宗族－国族”论调下的一元一体的“中华民族”观，傅斯年这种“中华民族”(“国族”)若“家族”的“一体”论，不啻为蒋之主张之先驱、之奠基。当然，傅氏此论是在民族危亡之际而发，针对特殊环境，自认属于政治范畴的言论，并未从学理层面多加论证，相符于他将民族问题置于政治领域考量的认识。而在1939年论述“中华民族是一个”的顾颉刚那里，则直接引述并赞同孙中山的说法：“本党还要在民族主义上做工夫，必要使满、蒙、回、藏都同化于我们汉族，成一个大民族主义国家。”认为孙中山这样说并非是主张大汉族主义，所谓同化，“决不是想消灭他们原有的文化，而只是为了他们的切身利害，希望他们增加知识和技能，享受现代的生活，成为一个中华民国的好公民，一个中华民族的健全分子，而实现中山先生

[1] 傅乐成:《傅孟真先生的民族思想》,《傅斯年印象》，第204、205页。

想望中的一个大民族主义的国家”。[1]很显然，孙中山乃至国民党的民族主义主张已为学者顾颉刚所接受和认同，较之此前《本国史》教科书风波中他对戴季陶等人之批评的反驳，立场上已有较大转换，这自然与抗战政治形势和主导性政治主张对学术的影响、制约密不可分。不仅如此，在有些看法上，顾颉刚比孙中山走得更远。前已言及，孙中山并不否认中国各民族的存在，他只是想通过汉族来同化满、蒙、回、藏等民族以形成一个“中华民族”。顾颉刚则认为“中国之内决没有五大民族和许多小民族，中国人也没有分为若干种族的必要”，“我们从今以后要绝对郑重使用‘民族’二字，我们对内没有什么民族之分，对外只有一个中华民族！”[2]这一否定国内有不同民族、仅存一个包含所有中国人的“中华民族”的说法，似乎为此后蒋介石所言中国只有一个民族即“中华民族”、其他所

[1] 顾颉刚:《续论“中华民族是一个”——答费孝通先生（续）》,《益世报·边疆周刊》,1939年5月29日；该文日后修改为《续论“民族”的意义和中国边疆问题》，收入《宝树园文存》卷四,《顾颉刚全集》第36册，第130—132页。

[2] 顾颉刚:《中华民族是一个》,《益世报·边疆周刊》,1939年2月13日；《宝树园文存》卷四,《顾颉刚全集》第36册，第100、105—106页。

谓的“民族”都是“宗族”之说，奠定了基础。由此，学者学术见解与当局政治主张之互动，在抗战之特殊的历史条件下，达致高度和谐和一致。

虽然傅斯年和顾颉刚的“中华民族”论说皆与国民党的主流意识形态相关，且在某种程度上为蒋介石的“中华民族”观奠定了基础，但究其实，傅、顾两人之立说却是在不同层面上。傅斯年视抗战时的民族问题为政治问题，不欲在学理层面展开讨论；顾颉刚则一本学者立场，视此类问题为可以讨论的学术问题，并将其成果服务于现实需要。也就是说，傅斯年和顾颉刚的民族观念以及“中华民族”论说尽管相当一致，然顾颉刚学者本色更浓，并不认为抗战时期就该放弃学理论证只取结论，而傅斯年则将战时视为特殊时期，认为政治上的现实需求是第一位的，过于敏感的民族问题不宜于此时深究。表面来看，这只是态度上的区别。实际上，这样的区别绝非小节，因其涉及学术与政治的关系以及这种关系在不同时代的表现。

纵观傅斯年、顾颉刚的学术生涯，可知他们都倡导学术自由与学术不当单纯为政治服务，但也皆重视学术对政治之影响，并明了政治对学术之制约。当政治形势不那么紧迫、国家相对安定之时，他们能秉持超越的学术立场为学，不太顾忌政治因素；而一旦进入国家生死存亡的战争时期，身为史学家的民族主义立场立时突显，国家、民族大义成了左右一切的东西，现实政治的需要占据他们的身心。就顾颉刚而言，“和平时节”所编的《本国史》教科书关于民族起源、民族认同的见解，显然与后来的“中华民族是一个”有所差异，[1] 他能在抗战关键时期提出“中华民族是一个”的主张，固然有傅斯年的劝告所产生的影响，但最根本的还在于日本侵略、外族压迫所导致的民族分裂的现实危险，使得他不得不舍弃某些在他看来合于学理但不合时宜的说法，以维护中华民族的团结统一。如果说 20 年代的《本国史》教科书中有关民族问题的表述与当时的政权意志相违逆，在顾颉刚是无心之举的话，那么此时与国家、民族意志相一致，则是顾氏主动为之，完全出于学者的使命感和责任感。

---

[1] 在《本国史》教科书中，顾颉刚既说黄帝的事迹“暧昧难明”，又认为“构成中国历史的民族是华、苗、东胡、蒙古、突厥、藏、韩七族。七族之中，华族是主要的分子”“今日所谓华族，只是一个大共名，里面包含着无数历史上被同化的民族”。见顾颉刚编：初中教科书《本国史》上册，第 10、12—13 页。

应该说，学者研究问题，进行学理探讨，所得结论往往具有超越时代的特质，而且不一定与国家政权的主流认知全然一致，甚至学者掌握的学术真理与公共知识也可能有矛盾之处。但在国家危亡的特殊历史时期和时代环境下，学者宁愿舍弃某些学理，以维护民族、国家大业。顾颉刚如此做了，而政治人格更为突出一些的傅斯年则径直把这类问题排斥在学术讨论之外，当然同样也是为了民族、国家利益，这都可说是尽了学者本分。

（四）

作为一种现象，历史研究遭逢学理与现实、学术与政治间的纠葛，历来多有。表面上看这仅是个政、学关系的问题，然究其实质，乃是为学根本问题——历史研究的终极追求与社会功能的关系问题，即求真与致用、工具理性与价值理性间的关系问题。

对于治史者而言，历史研究的目的何在？这是具有普遍意义的命题，也是古今中外皆有所困惑甚至纠结的命题。在古代中国，历史撰述一方面倡导求真、秉笔直书，另一方面强调褒贬、发挥道德训诫作用。《春秋》是这方面的典型，直笔记事和曲笔叙事结合，属辞上为尊者讳，并通过所谓“一字之褒，荣于华衮；一字之贬，严于斧钺”，以惩恶扬善。后世的史学发展表明，《春秋》笔法为中国史家继承和发展，然直笔记事的求真多有让位于曲笔叙事的褒贬之时，道德训诫功能的发挥似乎成了主流，尤其在正史中。在古希腊，源于爱奥尼亚人求真记事传统的史学著述，对历史真实的追求是一贯的，希罗多德、修昔底德等人的著述皆如此。而到了罗马史学家那里，强调历史著作的道德垂训作用则成了主流，罗马帝国前期杰出的史学家李维、塔西佗等人率皆如此。这两种传统在西方后来的史学演进中都有传承，由于西方不存在中国式的史官传统以及其他政治、社会因素，历史研究中为学术而学术的求真理念一直延续下来。进而言之，达致历史真实与道德训诫即求真与致用的双重目标，恐怕是治史者力求企及的目标。对于古代中国的史家而言，这双重目标之间虽有张力，如何达成也不无纠结，但总体上能实现双重目标的两全。所以如此，盖因在古人那里，史学非为现代意义上的历史学。作为四部之学的第二类，史部之学既依附于有意识形态色彩的经学而存在，又主要由历朝历代的史官来执掌，这样的史学是在与政治的互动与依存中演进的，政治色彩极其浓厚，尽管古代中国也有颇为发达的私修史学，但占主流之时不多。何况中国学术传统的特色是以人统学，文史哲不分泾渭，遑论自然与人文、社会之界限，治学者有“以天下为己任”的情怀，士不可以不弘毅，视学问为身心家国一体之事，格物、致知、诚意、正心、修身、齐家、治国、平天下乃求学、治学的目标阶梯。如此环境下的史学，自然讲求价值功能，治史者将求真与致用结合，似不为难事。反观西方，史学地位一直不高，作为学科的历史学出现甚晚，撰史者多为私人，历史为其客观研究对象，主客两分、物我两执，史著并不承担中国史书那样的功能，所以于求真与致用两目标处常有抵牾。19 世纪发展成一门独立学科的历史学，讲求客观主义，如实直书，显然执着于求真理念，并对学科发展产生了巨大影响。

作为现代史学家，顾颉刚、傅斯年的学术生涯始于中国现代学术建立之时，即中国学术已由“四部之学”转为“七科之学”、由传统通人之学转为现代专门之学的时代，其治学则在继承传统的基础上，大体依循现代西方。在西方自然科学、社会科学、人文学科大发展的背景下，马克斯·韦伯归纳出人的行为的工具理性与价值理性之别，[1] 似可作为研讨顾颉刚、傅斯年等史家学术价值选择的分析工具。顾颉刚、傅斯年皆为胡适的得意门生，受胡适学术思想和方法影响颇大。胡适所推崇的科学方法论，是以实验主义为主，特别是杜威的实验主义，在他看来，实验主义作为科学方法，甚至可直接概括为“大胆的假设，小心的求证”，该方法对史学研究同样适用。他对清代学术的总结，主要就在力求发掘考据学中的科学思想和方法论资源，为包括历史学在内的现代中国学术提供类似西方的科学的方法论。这样的见解和思路，是一种比

[1] 马克斯·韦伯认为，所谓工具理性，“即通过对外界事物的情况和其他人的举止的期待，并利用这种期待作为‘条件’或者作为‘手段’，以期实现自己合乎理性所争取和考虑的作为成果的目的”。所谓价值理性，“即通过有意识地对一个特定的举止的——伦理的、美学的、宗教的或作任何其他阐释的——无条件的固有价值的纯粹信仰，不管是否取得成就”。（马克斯·韦伯著、林荣远译:《经济与社会》上卷，商务印书馆 1997 年版，第 56 页。）依此，工具理性不看重行为本身的价值，而是看重行为能否成为达到目的的有效手段，所关注的世界为客观世界；价值理性只看重行为自身的价值，关怀的是人文世界。

较典型的科学化的工具理性思维，将价值理性排除在外。五四时期的“科学主义”或“唯科学主义”，殆与此息息相关。在史学领域，胡适门下的顾颉刚、傅斯年均依此路径前行，尤其是傅斯年。顾颉刚的古史研究和所开创之“古史辨”派的学术框架，大体不离这样的理路。傅斯年在建立中研院史语所时所强调的“近代的历史学只是史料学，利用自然科学供给我们的一切工具，整理一切可逢着的史料”，以及其开创新历史考证学派的种种举措和成就，更是典型的不讲价值理性，仅持工具理性的做法。工具理性思维下的学术研究，崇尚纯粹学术，倡导学用分离，其史学目的自然在于求真，而非致用。

不过问题似乎没有这么简单。作为人文学科的一个组成部分，历史学处在人文世界中，恰是价值理性关怀的对象，纯粹工具理性的思维和手段，恐怕很难解决历史学人文层面的问题，历史学者也会由此遭逢困境。在内忧外患频仍的近代中国，史学“荣其国家，华其祖宗”的功用较平日凸显，史学还要发挥助力民族国家建设的功能。顾颉刚、傅斯年虽受的是现代学术教育，但作为五四青年，学术救国是普遍理想，民族主义观念已深入骨髓，中国史学的经世致用传统在他们身上自然延续着，所以历史研究的工具理性思维还无法完全驾驭和控制他们，价值理性追求不时制约着他们，从而形成两难局面。顾颉刚《本国史》教科书引发的风波和顾、傅二人在“中华民族是一个”争论中的态度，本质上都反映着这种局面，内在凸显着深刻的矛盾纠葛。相比较而言，作为舶来品的民族学、人类学学科，因身上没有背负史学这样的沉重负担，可能在讨论学术问题时受价值理性的约束就较少，如讨论“中华民族是一个”问题时，费孝通的见解，就是基于人类学家的学术特色——在研究人群时对文化传统的重视超过对政治认同的重视、对不同人群之间差异的重视要超过对他们之间共性的重视，来得出自己的结论的。实际上，吴文藻、费孝通与顾颉刚、傅斯年都是现代学术的产儿，学术背景和治学理念在很多方面都是相通的，也皆抱有学术救国理念，只不过因为从事的学科不同，一为纯粹西来的移植学科，一为固有传统和西方因素结合的转换学科，外来与本土之别，价值理性约束的轻重差异，自然会导致他们在讨论关乎民族、国家建构的大问题时出现观点分歧。

就像同时代的边政学者看待边疆、民族问题时更偏重政治性取向的“国族”建构，而迥异于人类学者的取向一样，历史学者在讨论民族、国家建构问题时，更易成为民族主义者。

历史学者虽注重价值理性的实现，然于其施行的途径并不全然一致。一般来说，学术致用、实现价值理性的一个重要途径是学术普及工作，从对待这一工作的态度上，可见出学者对于学术致用的投入程度。在这方面，傅斯年和顾颉刚就有较大的分歧。傅斯年一向追求学术的高精尖，其创办中研院史语所的目的之一就是要在学术上争胜于国际，“要科学的东方学之正统在中国！”故“我们不做或者反对，所谓普及那一行中的工作”。[1] 而顾颉刚在做高深学问的同时，颇为重视“普及”工作，他曾指出：“傅在欧久，甚欲步法国汉学之后尘，且与之角胜，故其旨在提高。我意不同，以为欲与人争胜，非一二人独特之钻研所可成功，必先培育一批班子，积叠无数资料而加以整理，然后此一二人者方有所凭借，以一日抵十日之用，故

[1] 傅斯年:《历史语言研究所工作之旨趣》,《中央研究院历史语言研究所集刊》第 1 本第 1 分，1928 年 10 月。

首须注意普及。普及者，非将学术浅化也，乃以作提高者之基础也。”[1]故他一直注意培植青年力量，从学术普及入手，为钻研高深学术做基础性的铺垫。他之编写初中本国史教科书，固然存在生计方面的因素，但其乐于从事学术普及工作，当是前提之一。与之相反，傅斯年对于此类工作，避之唯恐不及，如“九一八事变”后国民政府欲编全国通用的历史教科书，属意傅斯年来做，傅婉拒之，于 1935 年初推荐张荫麟以自代，[2]傅仅写出《闲谈历史教科书》之类文字发发议论而已。在日寇入侵、大敌当前的民族危难面前，傅斯年写出了《东北史纲》这样的专业著作以应对；顾颉刚则从书斋中走出来，面向下层民众和普通知识分子，全力以赴地发展起边疆开发与民众教育两方面的事业来，办《禹贡半月刊》和通俗读物编刊社，认为将学术成果普及于民众之中是责任所在，这样做能使民众“个个成为中华民国的健全公民，那么公民所应有的知识全都要用文学的技巧灌输到不甚受教育的民众心

[1] 顾潮编著:《顾颉刚年谱》(增订本)，第 171 页。

[2] 参见李欣荣、曹家齐:《张荫麟评传》，广东人民出版社 2014 年版，第 85 页。

中，使得他们可以身体力行”。[1]对于顾的做法，一些人颇不理解，北京大学校长蒋梦麟就曾用惋惜的口气说：“顾颉刚是上等人，为什么做这下等事呢？”[2]意谓只有从事高深学术研究才是像顾颉刚这样的“上等人”所该做的事情。至于在报纸上公开讨论民族、边疆之类的问题，傅斯年不愿参与，则不仅关联他对普及工作的态度，而更关键者还在于他认为此类问题可由学者闭户讨论或给政治当局提供咨询，但不希望这样的讨论通过报纸之类的大众媒介传递给公众，“至于闭户作学问，以其结果刊为不能流行之学术刊物，更或供政治之参考，自当一秉事实，无所顾虑，然不当使其民众化也”。[3]所以他对吴文藻、费孝通等人的不满，即包含他们“在报屁股上做文”谈论民族问题，[4]甚至就此要求中英庚款董事会总干事杭立武，为资助

[1] 顾颉刚：《通俗读物的重要性》，《云南日报·星期论文》，1939年1月8日；《宝树园文存》卷三，《顾颉刚全集》第35册，第282页。

[2] 顾颉刚：《顾颉刚自传》，北京大学出版社2012年版，第77页。

[3] 《傅斯年致顾颉刚》（1939年2月1日），《傅斯年遗札》第2卷，第722页。

[4] 《傅斯年致朱家骅、杭立武》（1939年7月7日），《傅斯年遗札》第2卷，第768页。

者“办理继续补助事”，应规定“禁舍其本业而在报上发表胡乱文字”。[1] 傅斯年的这种态度，显然就是顾颉刚所不满的“讳疾忌医的态度”，担心“边地人民不知道他们自己的历史时还好驾驭；一让他们知道，那就管不住了”。[2]

傅斯年和顾颉刚的不同态度，表面看仅是对普及工作的不同认识而已，然究其实，这关联着如何对待知识分子与民众关系的不同看法。傅斯年、顾颉刚皆为深受中国传统文化影响同时又接受现代新式教育的读书人，传统之“士”和现代知识分子的血液在他们身上兼而有之，他们皆欲“求道”“行道”，然而一个选择了“得君行道”，一个选择了“觉民行道”。在选择了“得君行道”的傅斯年眼里，知识阶级当然是高人一等的，历史学等专业的学术研究仅是少数专业精英之事，学术成果的读者对象也只是学界同行，而非普通民众；至于关涉政治大局和国家稳定的一些问题，

[1] 《傅斯年致杭立武》（1939 年 8 月 11 日），《傅斯年遗札》第 2 卷，第 777 页。

[2] 顾颉刚：《中华民族是一个》，《益世报·边疆周刊》，1939 年 2 月 13 日；《宝树园文存》卷四，《顾颉刚全集》第 36 册，第 104 页。

即便是学术命题，抗战特殊时期也不宜讨论，更不能让普通民众知悉。而欲“觉民行道”的顾颉刚，视知识阶级和普通民众是全然平等的，认为学术和政治的权利不应由知识阶级垄断和保守，所以其所为和傅斯年恰恰相反。当然，不管是“得君行道”还是“觉民行道”，此“行道”本身即反映了历史研究的价值理性在他们那里的充分实现，只不过实现的途径有异，功能也就可能有差。

抗战时期的顾颉刚、傅斯年等史家以不同方式实现了历史研究的价值理性，似在史学的求真与致用两途获得了统一，实现了两全，然则此两全伴随着两难，内里深刻的矛盾纠结仍在。一方面，求真与致用两端存在内在的紧张关系，不易两全。在中国古代，以史官身兼史家者的著述似易平衡两者，然揆诸史著，道德训诫功能的发挥常为主导，甚至不时会为此而牺牲秉笔直书的求真，虽说大致实现了求真与致用的两全，但平衡还是做不到。到了顾颉刚、傅斯年这辈专业史家那里，现代性的学科分化和专业分工，工具理性思维下的学术训练，自然使求真理念深入骨髓，当需要史学发挥致用功能时，两难局面就会出现。如顾颉刚所编教科书引发的风波，说明学者基于求真理念的学术见解有些时候不一定与国家政权相一致，甚至学者掌握的学术真理与公共知识也可能有矛盾之处。这种情形下，教科书中的知识内容如何处理，学者的个人见解如何贯彻？从民国时期历史教科书的编写实践看，此类问题并非个案，也尚无合适的解决之道。进而言之，这还涉及学术的永恒价值与受众接受及现实功用的关系问题。作为教师教学和学生学习的主要依据和国民普通知识的基本来源，教科书当然要传播具有长远价值的学术研究成果，而在师生接受和现实功用层面，两者不见得时时能取得一致，甚至可能相矛盾。如此，求真和致用的两难困境即如影随形，常常困扰着现代史家。另一方面，时代特点对史学致用功能的发挥起着制约作用。历史研究的价值理性多于非常时期更为突显，如当民族、国家处于生死存亡的特殊时期时，史学的致用功能最为人们看重，抗战时期的顾颉刚、傅斯年等人之所为，即是如此。时有学者致函顾颉刚，对顾不能一心向学有所批评，顾回应道："在此国土半沦，战士喋血，人民宛转求死不得之际，而汝犹不闻不见，于汝之心安乎？汝乃生长于无国家之地乎？不知兄亦将答以‘安’乎？故兄欲研究纯学术，刚之所愿也。兄以研究纯学术自恃，而薄致力于实用之学者，此在太平之世由兄为之，若在今日权乱之世则刚之所不能许也。”[1] 此语鲜明表露顾颉刚的态度，做纯粹的学术研究是其所愿，然于抗战特殊时期宁愿暂时将其放下，转而从事有利于抗战事业的“实用之学”。傅斯年则更是以抗战大局为由，阻止一些可能不利于团结一致的民族、边疆问题的学术讨论。不过这样一来，价值理性可能就会超越工具理性，致用压倒求真。而在无关民族、国家生死存亡的常态下，退回书斋的学者以求真理念从事研究，所得结论又可能与非常时期不一致，新的两难困境又会出现，学术乃天下之公器，有其基本准则，但若不同时期有不同的学理，那么学者该当何为？

理论上讲，作为历史学家，认可史学本质应为求真，恐怕是多数人的共识。然于史学求真与致用的关系该如何处理，则歧见纷呈。一般来说，既然求真为根本，那么致用功能应是附着于上，而非刻意为之，

[1] 王学典、孙延杰:《顾颉刚和他的弟子们》，山东画报出版社 2000 年版，第 350 页。

否则就背离了史学本性。但在现实实践中，史家有祖国，是现代民族国家之一分子，有此身份，欲求求真与致用之两全，就可能一再遭逢两难。顾颉刚、傅斯年等民国史家之所为和相关遭际，或许正能说明此点。

从《刘向歆父子年谱》看钱穆的史学理念

经史之学乃钱穆先生一生用力之所在。对于钱先生以史学之法治经学所取得的成就，近年来已有些学者做过论述，[1] 但相对缺乏从个案入手深入细致的讨论。[2] 本

[1] 这方面的论述主要有郭齐勇、汪学群：《钱穆评传》（百花洲文艺出版社 1995 年版），汪学群：《钱穆学术思想评传》（北京图书馆出版社 1998 年版），陈勇：《钱穆传》（人民出版社 2001 年版）等传记类著作中的有关章节，以及余英时在《钱穆与中国文化》（上海远东出版社 1994 年版）中的有关论述。另外在评述钱穆与疑古学派关系的论文中也有相关论述，如罗义俊：《钱穆与顾颉刚的〈古史辨〉》（《史林》1993 年第 4 期）、廖名春：《钱穆与疑古学派关系述评》（《原道》第 5 辑，贵州人民出版社 1999 年版）、陈勇：《疑古与考信——钱穆评古史辨派的古史理论》（《学术月刊》2000 年第 5 期）等。

[2] 个案入手的讨论并非完全没有，最有代表性的当属刘巍：《〈刘向歆父子年谱〉的学术背景与初始反响》（《中国社会科学院近代史研究所青年学术论坛·2000 年卷》，社会科学文献出版社 2001 年版）。该文经修改后又刊于《历史研究》2001 年第 3 期。

文拟以钱先生的成名作《刘向歆父子年谱》为个案，通过对这部著作的学术背景、主题意旨、各方反响等的分析，尤其通过研究顾颉刚先生与钱先生围绕此著作所生之论争，系统探讨钱先生在清末民初今古文纷争大背景下，于早年形成并终生抱持之“于史学立场，而为经学显真是”的史学理念。

（一）

众所周知，钱穆先生非学院出身，基本是以自学为主走上经史研究之路。民元前后，他对经史之学开始涉猎。他曾细读夏曾佑《中国历史教科书》，从中了解到“经学之有今古文之别”[1]，后来随着学力加深，对经学问题逐渐有了自己的认识。1919年后，他读到康有为《新学伪经考》，经过多年钻研，与各家学说比照和独立思考，“深病其抵牾”[2]，怀疑其准确性。1929

[1] 钱穆：《八十忆双亲　师友杂忆》，生活·读书·新知三联书店1998年版，第89页。

[2] 钱穆：《刘向歆父子年谱·自序》，《古史辨》第5册，朴社1935年版，第106页。

年夏，顾颉刚先生自广州北上赴燕京大学任教，途中回苏州家中小住，前去拜访时已小有名气的钱穆，在翻阅钱氏《先秦诸子系年》一稿后，十分推崇其学问，认为其应去大学教历史，遂将其荐往中山大学任教，并嘱其为自己将兼任编辑的《燕京学报》撰稿。出于一些因素，钱穆辞谢了中山大学之聘。与此同时，他又得悉顾颉刚此去燕京大学要以讲授康有为今文经学为主，于是把写好的直斥康氏《新学伪经考》之误的长文《刘向歆父子年谱》交给顾颉刚，“不啻特与颉刚争议”[1]。顾氏胸襟宽阔，不以为忤，将其发表在1930年6月出版的《燕京学报》第7期上，后又编入《古史辨》第5册中。[2]

《刘向歆父子年谱》是钱穆多年潜心于经史研究的一个成果。在这篇奠定其学术地位的长文中，钱穆所用的方法很简单，基本是根据《汉书·儒林传》及与

[1] 钱穆:《八十忆双亲　师友杂忆》，第152页。

[2] 《刘向歆父子年谱》原名为《刘向刘歆王莽年谱》，是顾颉刚先生在《燕京学报》发稿前改成此题的，顾先生还对钱穆原稿做了细致的编辑加工。参见顾洪:《记顾颉刚先生收藏钱穆先生的一份手稿》，《清华汉学研究》第2辑，清华大学出版社1997年版，第246—247页。

此相关的大量史料，梳理出从西汉昭帝元凤二年（公元前79年）刘向出生到王莽地皇四年（公元23年）刘歆、王莽死亡为止的经学史实，逐年排列，将各家各派师承之家法和经师论学的焦点所在以及诸经博士间的意见分歧，都原原本本地凸显出来，从而廓清了经学史上的迷雾，以有力证据证明了康有为《新学伪经考》说刘歆伪造古文经之不通。具体说来，不通之处有二十八端。概括起来，这二十八端主要有以下几方面内容：

第一，从时间上看。“刘向卒在成帝绥和元年，刘歆复领五经在二年，争立古文经博士在哀帝建平元年，去向卒不逾二年，去歆领校五经才数月。谓歆遍伪诸经，在向未死之前乎？将向既卒之后乎？向未死之前，歆已遍伪诸经，向何弗知？不可通一也。向死未二年，歆领校五经未数月，即能遍伪诸经，不可通二也。谓歆遍伪诸经，非一时之事，建平以下，迄于为莽国师，逐有所伪，随伪随布，以欺天下，天下何易欺？不可通三也。然则歆之遍伪诸经果何时耶？”[1]

[1] 钱穆:《刘向歆父子年谱·自序》,《古史辨》第5册，第101—102页。

第二，从伪造手法和旁证看。首先，钱穆设问，刘歆遍伪诸经是一手伪之，还是借群手伪之？“一手伪之，古者竹简繁重，杀青非易，不能不假手于人也。群手伪之，何忠于伪者之多，绝不一泄其诈耶？”当时被王莽征入朝廷的通经学者有数千人之多，“谓此诸人尽歆预布以待征，则此数千人者遍于国中四方，何无一人泄其诈者？自此不二十年，光武中兴，此数千人不能无一及于后，何当时未闻有言及歆之诈者？”其次，钱穆认为找不出刘歆造伪的旁证。当时与刘歆同校五经者非一人，像尹咸父子、班斿、苏竟等都是有名的经学家，尹氏父子位在刘歆之上，苏竟为人正直，东汉初尚在，他们都没说刘歆造伪，而且苏竟对刘歆还相当推崇。扬雄也曾校书天禄阁，这是当年刘歆校书的地方。如果说刘歆造伪经，“于诸经史恣意妄窜，岂能尽灭故简，遍为更写？伪迹之昭，雄何不见？”另外，“稍前如师丹、公孙禄，稍后如范升，皆深抑古文诸经，皆与歆同世，然皆不言歆伪，特谓非先帝所立而已。何以舍其重而论其轻？”[1] 可见说刘歆

[1] 钱穆:《刘向歆父子年谱·自序》,《古史辨》第 5 册，第 102—103 页。

造伪经是缺乏证据的。

第三，从伪造目的看。康有为《新学伪经考》认为，刘歆伪造经书的目的是为王莽篡权服务。钱穆则指出，刘歆争立古文诸经时，王莽刚好退职，绝无篡汉动向，说刘歆伪造诸经为王莽篡权服务是没有根据的。在诸经书中，康氏指称《周官》为刘歆伪造以献媚于王莽的主要经书。钱穆考辨道，刘歆争立诸经时，《周官》不包括在内，此后是王莽根据《周官》以立政，并非刘歆依据王莽改制以造《周官》。当时取媚王莽以助篡者首在符命，"符命源自灾异，善言灾异者皆今文师也。次则周公居摄称王，本诸《尚书》，亦今文说耳。歆欲媚莽助篡，不造符命，不言灾异，不说《今文尚书》，顾伪为《周官》。《周官》乃莽得志后据以改制，非可借以助篡，则歆之伪《周官》，何为者耶？"[1]另外，康书说刘歆伪造《周官》前，已先伪造《左氏传》《毛诗》《古文尚书》《逸礼》诸经，钱穆问：即便《周官》是为献媚王莽，那么伪造《左氏传》诸经又是为了什么？若说为了篡圣统，则刘歆虽为国师公，被王莽

---

[1] 钱穆:《刘向歆父子年谱 · 自序》,《古史辨》第 5 册，第 103 页。

尊信，但同时朝中六经祭酒、讲学大夫不少出自今文诸儒，而且王莽立制，《王制》《周礼》兼举，刘歆议礼，亦折中于今文，这显然与篡圣统说不符。总之，从目的上看，认为刘歆编造伪经是没有根据的。

第四，从经书渊源和内容看。“《左氏》传授远有渊源，……歆以前其父向及他诸儒，奏记述造，引及《左氏》者多矣。《左氏》自传于世，不得尽谓歆伪。……至《周官》果出何代，《左氏》《国语》为一为二，此非一言可决，何以遽知为歆伪？”[1] 即在钱穆看来，《左氏传》早在刘歆之前既已存在，渊源久远，绝非刘歆伪造。《周官》等书的问题，也非一言可决，不能简单得出刘歆伪造的结论。再从经书内容看，今文经中五帝无少皞，刘歆古文中则有；今文五帝前无三皇，刘歆古文则有之；今文天下惟九州，无十二州之说，刘歆古文则有之。但刘歆之说，断断不始于他，先秦旧籍载刘歆之说颇多，故该说并非他伪造。而且“必以今文一说为真，异于今文者皆歆说，皆伪，然今文自有十四博士，已自相异”[2]。

[1] 钱穆:《刘向歆父子年谱·自序》,《古史辨》第5册，第105页。

[2] 钱穆:《刘向歆父子年谱·自序》,《古史辨》第5册，第106页。

总之，钱穆认为，无论从时间上、从伪造手法和旁证上看，还是从伪造目的、从经书渊源和内容上看，都不能得出刘歆遍伪诸经的结论，即不存在刘歆在数月之间掩尽天下耳目编造经书的事实，自然也不存在造经为王莽篡权服务之事。至于康有为力主刘歆造伪之说，纯粹是为其托古改制的目的而杜撰的。

《刘向歆父子年谱》是钱穆的成名作，当时的硕学通儒对它大都推崇备至，胡适在 1930 年 10 月 28 日的日记中就称誉道："《钱谱》为一大著作，见解与体例都好。"[1] 钱穆的学术地位由此而奠定，随即由刊发此文的顾颉刚推荐，进入燕京大学任教，开始了人生和学术的重大转折。钱穆到燕京大学后，"知故都各大学本都开设经学史及经学通论诸课，都主康南海今文家言。余文（指《刘向歆父子年谱》）出，各校经学课遂多在秋后停开。但都疑余主古文家言"[2]。

钱穆之所以凭《刘向歆父子年谱》在学术界一亮

[1] 《胡适的日记》（手稿本）第 10 册，台北远流出版事业股份有限公司 1990 年版。

[2] 钱穆：《八十忆双亲　师友杂忆》，第 160 页。

相即获巨大成功，不仅是因此文摧陷廓清，对中国经学史的研究确有划时代的贡献，而且更为关键的是因它触及了当时学术界共同关注的一个大问题——经今古文之争。清末康有为力主刘歆伪造古文经之说，其所产生的影响是我们今天难以想象的，尽管当时即有章太炎、刘师培等人大力反驳，但双方的争论显然没有从根本上解决问题，直到钱穆登上学术舞台之时，这仍是学界普遍关心的事情，学者头脑中大都还有古文经是否为刘歆伪造、《周礼》《左传》等书是否为伪书的疑问。故而钱穆以详实证据一举摧破康说，不能不在学界引起震撼，“使人从康有为《新学伪经考》的笼罩中彻底解放了出来”，“使晚清以来有关经今古文的争论告一结束”，[1] 意义不可谓不大。不过站在今天的立场上，评价仅限于此恐怕还不够，要深入评价钱穆的这一贡献，探讨钱穆何以会有此成就，须于经史之学的深层再做文章。

[1] 余英时:《〈犹记风吹水上鳞〉序》、《〈周礼〉考证和〈周礼〉的现代启示》,《钱穆与中国文化》，上海远东出版社 1994 年版，第 239、134 页。另，余英时外，其他学者对《刘向歆父子年谱》的贡献也有类似评价，大致已成共识。

（二）

在中国传统学问里，经史之学占有主导地位，经学更是处于核心位置，这从经、史、子、集四部的排列次序便可看得很清楚。当然，经史两学的关系问题，向来是学者最为关注的问题之一。

清末，经史两学的关系问题比以往引人瞩目。反映经史关系的“六经皆史”说此时被章太炎所大力倡导。“六经皆史”表达的是经等于史的观念，这一说法早就存在，清人章学诚曾做过系统条贯的论述，龚自珍亦曾有过深入阐发，章太炎则在前人基础上把它发扬光大，表述得更彻底。他说：“六经都是古史”，“经外并没有史，经就是古人的史，史就是后世的经”。[1]研究经学是为了弄清古代历史实际，“说经者所以存古，非以是适今也”[2]。章太炎是一位渊博的学者，论学所涉及的范围十分广阔，在思想上所散布的影响面

[1] 独角：《论经的大意》，《教育今语杂志》第2册，1910年4月9日。

[2] 章太炎：《某君与某论朴学报书》，《国粹学报》第2卷第11期，1906年12月5日。

要比康有为来得大。[1] 故他的“六经皆史”说得到不少学者的认同和响应，如刘师培便极为认同，这非常有助于人们关注史学，促进史学地位的上升。实际上，清末之时史学的地位确是大大提升了，史学革命或曰新史学运动轰轰烈烈地展开及在社会上的巨大反响，即已表明此点。相对而言，经学稍显沉寂，尽管有以康有为、章太炎为代表的所谓今古文学之争，有孙诒让、廖平、皮锡瑞等人的经学著作陆续刊行，但毕竟康、章之争很大程度上是披着经学外衣的政争，政治意义大于学术意义；孙、廖、皮等人的著述也无新史学著作那样的效应，不再像以往经学中心时代那样处于学术舞台的核心位置。所以，应该说学术研究的重心已由经学转向史学。[2] 进入民国之后，经过五四新文化运动的洗礼，被视作旧文化、旧学术代表的经学更是一落千丈，“新派学者望而却步，引不起他们的兴味”[3]。

[1] 参见余英时:《五四运动与中国传统》,《中国思想传统的现代诠释》,江苏人民出版社 1995 年版，第 344 页。

[2] 参见拙著《刘师培与中西学术：以其中西交融之学和学术史研究为核心》，北京师范大学出版社 2003 年版，第 49—51 页。

[3] 嵇文甫:《漫谈学术中国化问题》,《理论与现实》第 1 卷第 4 期，1940 年 2 月。

到钱穆登上学术舞台之时，正统意义上的经学已经分崩离析，其内容分解到现代人文社会各学科中，大学里“经学史”“经学通论”诸课的开设，也仅是从知识层面进入，非传统的经学教育可比。但经学并未就此终结，经学中的问题仍在困扰着学术界，经学研究的思维惯性也仍在规范着很多学者，今古文门派、家法观念还未从学者头脑中彻底屏除，以至钱穆《刘向歆父子年谱》出，却被怀疑为是“主古文家言”。此种情形表明，尽管经学已非旧观，但有关经学问题的研究还是关联着学术命脉——现代中国学术如何真正从经学中走出来。从这层意义上再看钱穆的《刘向歆父子年谱》，其贡献与价值便非可以简单估量了。

前已指出，《刘向歆父子年谱》完全依据史实而编撰，具体说来是依据《汉书》记载，把当时的五经异同、诸博士的意见分歧一一梳理，原原本本地指出各家各派师承之家法及各经师论学之焦点所在，使人就此对两汉经学历史有明晰的了解，从而明白《新学伪经考》说刘歆伪造古文经之妄，即“实事既列，虚说自消”，“庶乎可以脱经学之樊笼，发古人之真态矣”。[1] 所以这是典型的以史学治经学的作品，绝非传统经学所能笼罩。钱穆这样做，是基于他研治经史之学的基本观念——“经学上之问题，同时即为史学上之问题”，需“于史学立场，而为经学显真是”。[2]

经学与史学，治经与治史，内涵不同，路径亦有差异。治经者往往有求“道”的意念，所谓“经之至者，道也。所以明道者，其词也；所以成词者，字也。由字以通其词，由词以通其道，必有渐”。[3] 而治史者则旨在求真，就像钱穆谈其以史治经之作《两汉经学今古文平议》时所言：“本书之所用心，则不在乎排击清儒说经之非，而重在乎发见古人学术之真相。亦惟真相显，而后伪说可以息，浮辨可以止。”[4] 有此不同，所以评价《刘向歆父子年谱》这样的著作便不能不超

[1] 钱穆:《刘向歆父子年谱·自序》,《古史辨》第5册，第106页。

[2] 钱穆:《两汉经学今古文平议·自序》,《两汉经学今古文平议》，商务印书馆2001年版，第6页。

[3] 戴震:《与是仲明论学书》,《戴震集》，上海古籍出版社1980年版，第183页。

[4] 钱穆:《两汉经学今古文平议·自序》,《两汉经学今古文平议》，第7页。

越经学窠臼，以“史学立场”为准。即钱穆已然把经学问题转化为史学问题，用史法治经学，那么就不能再依经学传统或今古文之类门派标准来判断这部著作的价值，而是要完全摆脱经学束缚，一依史学标准。按此标准，这部著作所取得的成就自是相当高，它的史料充分，考核精当，“论证是建立在坚强的历史事实之上”[1]，从而令经学史上聚讼纷纭的公案得以彻底破解。

进而言之，把经学问题视为史学问题，“于史学立场，而为经学显真是”，还在深层次上解决了两方面问题：一是化解了经学上的门户之见；二是对“六经皆史”之成说有所突破，为中国现代史学开辟了道路。

清人治学，最讲门户，但最大的门户——经今古文学之门户，却是直至晚清才确立，就像有学者所指出的，“晚清以前的历代学者，虽常论及今文、古文，却没有以今文为一大派，古文为另一大派的。用这样分派的观点来看汉代经学的，实始于四川学者廖平先

[1] 余英时:《〈周礼〉考证和〈周礼〉的现代启示》,《钱穆与中国文化》,第134页。

生的名著《今古学考》”[1]。此后学者或尊今抑古，或尊古抑今，莫不以廖平所分之门户为门户，章太炎、刘师培、康有为、皮锡瑞等经学大家皆如此。正因学者头脑中一直存有今古文门户之见，所以当钱穆以《刘向歆父子年谱》力攻今文经学之非时，有人批评他“似未能离开古文家之立足点而批评康氏”[2]，怀疑他“主古文家言”。实际上，作为史学家，钱穆绝无站到古文经学立场上申古抑今的用意，他的目的是要以“史学立场”，彻底破除晚清以降的经今古文学之门户。在他看来，今文、古文都是晚清经师主观臆造的门户，与历史真相并不相符，“晚清经师，有主今文者，亦有主古文者。主张今文经师之所说，既多不可信。而主张古文诸经师，其说亦同样不可信，且更见其为疲软而无力。此何故？盖今文古文之分，本出晚清今文学者门户之偏见，彼辈主张今文，遂为今文诸经建立门户，而排斥古文诸经于此门户之外。而主张古文诸经者，亦即以今文学家之门户为门户，而不过入主出

[1] 李学勤：《〈今古学考〉与〈五经异义〉》，载张岱年等：《国学今论》，辽宁教育出版社 1991 年版，第 125 页。

[2] 青松：《评〈刘向歆父子年谱〉》，《古史辨》第 5 册，第 250 页。

奴之意见之相异而已”。为了维护门户之见，“甚至于颠倒史实而不顾。凡所不合于其所欲建立之门户者，则胥以伪书伪说斥之。于是不仅群经有伪，而诸史亦有伪”。[1] 要把这种局面彻底纠正过来，唯有不带任何偏见，完全依据可靠的历史资料，将历史真相揭示出来，方能达成目的。《刘向歆父子年谱》正是做到了这一点，才令人们头脑中的经学门户得以破除，从而使经学或经学史的研究摆脱经师习气，超越“通儒”立场，[2] 走上规范的现代学术之途。

在经史两学关系的问题上，章太炎在前人基础上所大力倡导的“六经皆史”说，清末民初已然得到不少学者的认同和响应，钱玄同、顾颉刚等学者自接受“六经皆史”的观点后，一直信奉它，钱穆对章氏的“等贯经史”至少也是认同的。[3] 当然，如何理解“六经皆

---

[1] 钱穆:《两汉经学今古文平议·自序》,《两汉经学今古文平议》，第5、6页。

[2] 一些经学家不主门户，看待某些经学问题时不受今古文窠臼制约，自谓“通儒”。但自史家看来，他们仍各有其经学立场，未能完全超越自身立场总结经学史。

[3] 钱穆:《国学概论》,商务印书馆1997年版,第11页。可参见刘巍《〈刘向歆父子年谱〉的学术背景与初始反响》(载《中国社会科学院近代史研究所青年学术论坛·2000年卷》)一文对此所展开的议论。

史”,各人看法相异。清末章太炎主张“六经都是古史”,夷经为史,固然是出于史学经世的用意,[1] 同时也是出于破除经学统治地位、建立现代学科分类体系的需要。而到了民国年间,胡适、梁启超、钱玄同、顾颉刚、周予同等人再论“六经皆史”时,却已是将六经视为史料了,就像周予同所明确指出的,“我们不仅将经分隶于史,而且要明白地主张‘六经皆史料’说”[2]。对于“六经皆史”,钱穆有其独到见解,即在章学诚倡此说的原初意义上,他不赞成“六经皆史料”。[3] 但从《刘

---

[1] 有学者认为,与章学诚倡“六经皆史”相比,章太炎等人再倡此说时立意已有所不同。章学诚“虽有经史并列之心,其基本立意还是希望提高史学(到近于经学)的地位”,章太炎等人虽也认同此点,但在当时民族危机的情势下,史学“荣其国家,华其祖宗”的功用较平日凸显,“随着历史对国家兴衰重要性的增加,‘六经皆史’说的社会学意义也与前大异”。参见罗志田:《清季民初经学的边缘化与史学的走向中心》,《权势转移:近代中国的思想、社会与学术》,湖北人民出版社 1999 年版,第 331 页。

[2] 周予同:《治经与治史》,朱维铮编:《周予同经学史论著选集》(增订本),上海人民出版社 1996 年版,第 622 页。参见刘巍:《〈刘向歆父子年谱〉的学术背景与初始反响》,《中国社会科学院近代史研究所青年学术论坛·2000 年卷》,第 732—735 页。

[3] “实斋(即章学诚)《文史通义》唱‘六经皆史’之说,盖所以救当时经学家以训诂考核求道之流弊。”“近人误会‘六经皆史’之旨,遂谓‘流水账簿尽是史料’。呜呼!此岂章氏之旨哉!”见钱穆:《中国近三百年学术史》,商务印书馆 1997 年版,第 430、433 页。

向歆父子年谱》等一系列著作和他的撰述宗旨看，他的某些观念又与胡适、梁启超、钱玄同、顾颉刚、周予同等人并无根本区别。如前所述，他是把经学问题转化为史学问题，一依史学标准，用史法治经学的，既然如此，经学记录在他那里便转为史学记录，经书也便成了史料。从夷经为史到“六经皆史料”，经学又一次下跌，独立地位不保，表明现代学科体系已形成，经学不仅不再是为首的学科，而且已经分崩离析，其内容为人文社会各学科所分解，从历史学的角度看，这些古老的内容自是应属史料。当然，换个思路予以分析，也可说钱穆的《刘向歆父子年谱》冲破了“六经皆史”说之樊篱。因其颠倒了经史位置，逆向操作，反过来以史证经，仅用《汉书》等常见史料，即解决了经学上的大问题，最终达成以史御经的目的。这样，在经史关系上，乃至在史学研究上，一条新的道路被开辟出来。此后，遇到经学上的问题时，学者大率是追步钱穆，以史法治之，从学术史角度考察，成就愈益丰厚，一迄于今。

（三）

《刘向歆父子年谱》虽由顾颉刚经手发表，但对这篇直斥康有为《新学伪经考》之误的长文，顾氏并不认同，还就有关问题与钱穆进行了讨论。

顾颉刚 1913 年考进北京大学预科后，曾在国学会听章太炎讲学，觉得章的学说很有道理，产生“古文家是合理的，今文家则全是些妄人”的看法。但不久之后，他又读到了康有为《新学伪经考》与《孔子改制考》，又觉十分敬佩，认识到“古文家的诋毁今文家大都不过为了党见，这种事情原是经师做的而不是学者做的”。[1] 数年后，顾颉刚对章太炎的崇敬之心更降低了，相反由于受胡适授课内容的影响，益发信服康有为了。胡适在讲授“中国哲学史”时，“丢开唐虞夏商，迳从周宣王以后讲起”，这一讲法使顾颉刚对自己“上古史靠不住的观念在读了《改制考》之后又经过

[1] 顾颉刚:《古史辨第 1 册自序》,《古史辨》第 1 册，朴社 1926 年版，第 26 页。

这样地一温”，[1] 而更加坚定了。从此更觉康有为之言有理，认为“长素先生受了西洋历史家考定的上古史的影响，知道中国古史的不可信，就揭出了战国诸子和新代经师的作伪的原因，使人读了不但不信任古史，而且要看出伪史的背景，就从伪史上去研究，实在比较以前的辨伪者深进了一层”[2]。康有为的著作本是为变法改制提供依据的政治性极强的经学著作，并非严格的史学研究之作，但在此时的顾颉刚眼里，却是启发他推倒旧古史、查出伪史背景的史学专著。当然顾氏也清楚康氏著作有相当复杂的背景和政治动机，说康是“拿辨伪做手段，把改制做目的，是为运用政策而非研究学问”,故“对于今文家的态度总不能佩服”。[3] 所以他是取康氏的结论而非手段，并认为自己的辨伪工作才是手段与目的一致的工作。很显然，在接受康氏影响的同时，顾氏对其所代表的今文家派却持怀疑态度。1920 年大学毕业后，顾氏认识了钱玄同，并深受其启发。钱氏曾是章太炎的学生，又受康有为和今

[1] 顾颉刚:《古史辨第 1 册自序》,《古史辨》第 1 册，第 36 页。

[2] 顾颉刚:《古史辨第 1 册自序》,《古史辨》第 1 册，第 78 页。

[3] 顾颉刚:《古史辨第 1 册自序》,《古史辨》第 1 册，第 43 页。

文家崔适的影响很大，所以他“兼通今古文而对今古文都不满意”。他曾对顾颉刚说：“我们今天，该用古文家的话来批评今文家，又该用今文家的话来批评古文家，把他们的假面具一齐撕破，方好显露出他们的真相。”这番议论，使顾“眼前仿佛已经打开了一座门，让我们进去对这个二千余年来学术史上的一件大公案作最后的判断了”。[1] 从此，顾氏对经今古文问题有了更深入的认识，并对上古史材料做系统的搜集与研究，陆续编出了《古史辨》。在《古史辨》中，他受今文经学“疑古惑经”的启发，怀疑经书，进而辨析古史，欲拨开古史“茫昧无稽”的迷雾，恢复古史的本来面目。就像有学者所言：“《古史辨》一开始就带有全盘‘抹煞’上古信史的精神——在还没有逐步的检视每一件史事（或大部分重要史事）前，就先抹煞古书古史。而这个精神主要便是承继清季今文家的历史观而来的。”[2]“正因受康有为《孔子改制考》与《新学伪经

---

[1] 顾颉刚:《秦汉的方士与儒生·序》，上海古籍出版社 1978 年版，第 6、7 页。

[2] 王汎森:《古史辨运动的兴起：一个思想史的分析》，台湾允晨文化实业股份有限公司 1987 年版，第 217 页。

考》的影响，使得顾颉刚在一开始就全盘否定上古信史。”[1]

由于顾颉刚的古史辨伪思想在今古文两家中主要取法于今文，尤其是取法于康有为的观念，所以他对钱穆直斥康氏《新学伪经考》之非的《刘向歆父子年谱》并不赞同。于是，在《五德终始说下的政治和历史》一文中，他表达了与钱穆相左的看法。[2]《五德终始说下的政治和历史》的前十三节基本是用五德终始说讲五行说的起源和发展，其中已杂入不少今文家说，从第十四节开始专门谈今古文问题。从顾氏的具体论述来看，他相信《毛诗》《古文尚书》《逸礼》《左传》都是刘歆伪造或改造的，这显系袭自康有为的观点。所以他的结论是："其实所谓古学何尝是真的古学，只不过是王莽所需要之学，刘歆所认为应行提倡之学而已。

[1] 彭明辉：《疑古思想与现代中国史学的发展》，台湾商务印书馆 1991 年版，第 165 页。

[2] 顾颉刚是于 1930 年 2 月至 6 月，应杨振声先生之邀，为《清华学报》作《五德终始说下的政治和历史》。该文初刊于 1930 年 6 月《清华学报》第 6 卷第 1 期，与《刘向歆父子年谱》的刊布几乎同时，但写作时间比《刘向歆父子年谱》晚几个月。胡适曾说："顾说一部分作于曾见钱谱之后，而墨守康有为、崔适之说，殊不可晓。"见《胡适的日记》（手稿本）第 10 册。

康长素先生以‘新学伪经’名书，这是很不错的。”[1]“我深信一个人的真理即是大家的真理。《伪经考》这书，议论或有错误，但是这个中心思想及其考证的方法是不错的。”[2]可见，顾颉刚在论及今古文问题时，是同意康有为《新学伪经考》中的结论的，明显站在钱穆对立面，维护康氏旧说。

应顾颉刚之请，钱穆在读了《五德终始说下的政治和历史》之后为其写了一篇评论。在评论中，钱氏指出，顾颉刚“时时不免根据今文学派的态度和议论来为自己的古史观张目。……《五德终始说下的政治和历史》那篇论文，便是一个例子。无论政治和学说，在我看来，从汉武到王莽，从董仲舒到刘歆，也只是一线的演进和生长，而今文学家的见解，则认为其间定有一番盛大的伪造和突异的改换。顾先生那篇文里，蒙其采纳我《刘向歆王莽年谱》里不少的取材和意见，而同时顾先生和今文学家同样主张歆、莽一切的作

---

[1] 顾颉刚：《五德终始说下的政治和历史》，《古史辨》第5册，第533—534页。

[2] 顾颉刚：《五德终始说下的政治和历史》，《古史辨》第5册，第537—538页。

伪”[1]。接着钱穆考察了顾氏文中的一些例证，并在大量论据基础上得出与顾氏相反的结论。最后钱穆概括己意，重申“刘歆只把当时已有的传说和意见加以写定。（或可说加以利用。）刘歆、王莽一切说法皆有沿袭，并非无端伪造”，“顾先生原文所引各种史料及疑点，均可用历史演进的原则和传说的流变来加以说明，不必用今文家说把大规模的作伪及急剧的改换来归罪于刘歆一人”。[2]

钱穆说顾颉刚的论断可用历史演进和传说流变加以说明，不必尽如今文家说归之于刘歆一人所造，这确是说中了问题的要害。因运用历史演进和传说流变的眼光来研析历史，恰是顾氏所长，顾若弃置其长，难免有失。但顾本人对此问题并不这样看，在读了钱穆评文后，他随即写了一篇跋文，申说自己的观点。他认为自己“对于清代的今文家的话，并非无条件的信仰，也不是相信他们所谓的微言大义，乃是相信他

[1] 钱穆:《评顾颉刚〈五德终始说下的政治和历史〉》,《古史辨》第 5 册，第 621 页。

[2] 钱穆:《评顾颉刚〈五德终始说下的政治和历史〉》,《古史辨》第 5 册，第 630 页。

们的历史考证。他们的历史考证，固然有些地方受了家派的束缚，流于牵强武断，但他们揭发西汉末年一段骗案，这是不错的。……刘歆一个人，年寿有限，精力有限，要他伪造许多书自然不可能，但这个古文学运动是他于校书后开始提倡的（见本传），是他于当权后竭力推行的（见《王莽传》），这是极明显的事实。在这个利禄诱引之下，自然收得许多党徒，造成一种新风气，自然他们所目为乖谬的都得正，所目为异说的都得壹，而学术于是乎大变。所以刘歆虽不是三头六臂的神人，但他确是改变学术的领袖，这个改变的责任终究应归他担负。清代今文家在这一方面，议论虽有些流于苛刻，而大体自是不误”[1]。显然在顾氏看来，相信清今文家的历史考证与钱穆所言用历史演进和传说流变说明问题并不矛盾，只要清今文家的历史考证大体不误，就可以作为说明问题的历史资料。可见顾的基本见解未变，没能接受钱穆的批评。

从钱顾之辩可以看出，两人都是站在史学立场上

[1] 顾颉刚:《跋钱穆评〈五德终始说下的政治和历史〉》,《古史辨》第5册，第631—632页。

讨论经学问题。钱氏自不待言,顾氏维护康有为旧说,也非为相信今文家说,“乃是相信他们的历史考证”。他曾表明:“我们所以在现在提出今古文问题,原不是要把这些已枯的骸骨敷上血肉,使它重新活跃在今日的社会,只因它是一件不能不决的悬案,如果不决则古代政治史、历法史、思想史、学术史、文字史全不能做好,所以要做这种基础的工作而已。”[1]针对有些人因其发表了一些不信任古文家的文章而将其视作“新今文家”的议论,他的回应是非常明确的,说:“我决不想做今文家,不但不想做,而且凡是今文家自己所建立的学说我一样地要把它打破。只是西汉末的一幕今古文之争,我们必得弄清楚,否则不但上古史和古文籍受其纠缠而弄不清楚,即研究哲学史和文学史的也要被它连累而弄不清楚了。这种难关是逃避不了的。”[2]很显然,他把讨论经学问题作为史学研究的一个基础,不厘清今古文之争,中国历史的重重迷雾就无法拨开,他主观上绝无经学

[1] 顾颉刚:《古史辨第 5 册自序》,《古史辨》第 5 册,第 3 页。

[2] 顾颉刚:《跋钱穆评〈五德终始说下的政治和历史〉》,《古史辨》第 5 册,第 632 页。

家的家派观念。

对于顾氏的不受家派束缚和超越今文学，其论争对手钱穆也看得十分清楚。钱曾分析了《古史辨》所以产生的缘由，认为顾的学说“自然和晚清的今文学未可一概而论”，“顾先生的古史剥皮，比崔述还要深进一步，决不肯再受今文学那重关界的阻碍，自无待言”。而且他还引用胡适的见解，指出顾之学说与康有为今文学的区别，说：“顾先生讨论古史里那个根本的见解和方法，是重在传说的经历和演进，而康有为一辈人所主张的今文学，却说是孔子托古改制，六经为儒家伪造，此后又经刘歆、王莽一番伪造，而成所谓新学伪经。伪造与传说，其间究是两样。传说是演进生长的，而伪造却可以一气呵成，一手创立。传说是社会上共同的有意无意——而无意为多——的一种演进生长，而伪造却专是一人或一派人的特意制造。传说是自然的，而伪造是人为的。传说是连续的，而伪造是改换的。传说渐变，而伪造突异。我们把顾先生的传说演进的见解，和康有为孔子改制新学伪经等说法两两比较，似觉康氏之说有些粗糙武断，不合情理，不如传说演进的说法较近实际。”[1] 钱穆不满意顾颉刚《五德终始说下的政治和历史》一文的基本结论，恰恰在于他认为顾氏在一些问题上过于相信今文家的说法，而没有运用自己所擅长的传说演进的见解与方法。

可以说，由《刘向歆父子年谱》所引发的钱顾之辩，核心问题虽仍是经今古文问题，但从争论双方所持立场和主张看，已非传统的经学之争，而是现代意义上的史学之争。双方所信服者都是各自所认可的历史考证结果，即便这一结果与今古文家的某些结论相合，但基本着眼点已是大相径庭。若与清末康有为、章太炎之间的今古文之争相较，更能看出这一争论的时代特性。康章之争尽管带有浓厚政治意味，毕竟还是一场经学争论；而钱顾之辩则既无政治色彩，又非经学论辩。这至少表明时代语境和学术主题已转换，

---

[1] 钱穆:《评顾颉刚〈五德终始说下的政治和历史〉》,《古史辨》第 5 册，第 620 页。王汎森在《古史辨运动的兴起：一个思想史的分析》第 50、51 页中曾引用钱穆这段话以说明顾颉刚“古史辨”派“把无意的积累与有意造伪等同”，实则钱氏这段话旨在说明顾是重传说的经历和演进的，传说主要是无意的演进生长，而康有为一派人才是重刻意伪造之说的，两者区别很大。

经史之学走上了现代轨道，就像顾颉刚之所言："从前人治学的最大希望是为承接道统，古文家所以造伪经者为此，清代的今文家所以排斥伪经者也为此。但时至今日，……我们可以打破这种'求正统'的观念而易以'求真实'的观念了。"[1] 这种围绕古老经学问题而展开的史学层面上的正常学术讨论，不仅为此类问题的研讨树立了典范，而且某种意义上也是为中国史学摆脱政治化倾向，在学术道路上健康前行奠定了基础。

进而言之，通过考察钱顾之辩，还可深入地看清钱顾二氏相近又相异的史学理念。《刘向歆父子年谱》经顾颉刚之手发表，后又被顾氏收入《古史辨》第5册中，这似乎意味着钱穆与古史辨派的某种关联，具有象征意义。钱穆本人也曾申明，自己的主张是"想为顾先生助攻那西汉今文学家的一道防线（其实还是晚清今文学家的防线），好让《古史辨》的胜利再展进一程"[2]。到了晚年，他又自谓："颉刚史学渊源于崔东

[1] 顾颉刚:《中国上古史研究课第二学期讲义序目》,《古史辨》第5册，第258页。

[2] 钱穆:《评顾颉刚〈五德终始说下的政治和历史〉》,《古史辨》第5册，第630页。

壁之《考信录》，变而过激，乃有《古史辨》之跃起。然考信必有疑，疑古终当考。二者分辨，仅在分数上。……余则疑《尧典》，疑《禹贡》，疑《易传》，疑老子出庄周后，所疑皆超于颉刚。然窃愿以考古名，不愿以疑古名。疑与信皆须考，余与颉刚，精神意气，仍同一线，实无大异。”[1] 应该说，在把经学问题作为史学问题、汲汲于史学求真方面，钱、顾二人是颇为一致的，“于史学立场，而为经学显真是”（钱穆语），“打破……‘求正统’的观念而易以‘求真实’的观念”（顾颉刚语），此类表述，便充分证明了这一点。不过，治学目的相同，不等于其他方面也都一致，钱穆“愿以考古名，不愿以疑古名”的说法，即能令人察觉此中端倪。[2] 实际上，早在北大史学系讲中国上古史时，他就明确表示过不能赞同疑古，说“余任上古史课，若亦疑古，将无可言”[3]。后来他在致顾颉刚的一封信中说：“弟与兄治学途径颇有相涉，而吾两人才性所异

[1] 钱穆：《八十忆双亲　师友杂忆》，第 167—168 页。

[2] 有学者认为：“把 20—30 年代以考据名家的钱穆归为王国维一类的考古派史家，恐怕更为恰当。”见陈勇：《疑古与考信——钱穆评古史辨派的古史理论》，《学术月刊》2000 年第 5 期。

[3] 钱穆：《八十忆双亲　师友杂忆》，第 163 页。

则所得亦各有不同。……兄之所长在于多开途辙，发人神智。弟有千虑之一得者，则在斩尽葛藤，破人迷妄。故兄能推倒，能开拓，弟则稍有所得，多在于折衷，在于判断。”[1]可见两人在治学取向和风格上，是有较大差异的。仅就《刘向歆父子年谱》而言，钱穆确乎是以“考古”的态度和精神，孜孜于原始文献，一步步考出康有为之说之误；而顾颉刚不认同钱说，则是出于古史辨派与今文经学“疑古惑经”一脉相承的思想联系，从而相信今文家的历史考证所致。他们的目的皆为拨开经学迷雾，探求史之真相，但切入点和研究取向明显有异。若进一步考察，还可看出钱穆是在总体上非“疑古”的宏观视野下，于具体微观领域“疑”而“考”之；[2]而顾颉刚则在“疑古”的大思路下，对前

[1] 见顾潮:《历劫终教志不灰：我的父亲顾颉刚》，华东师范大学出版社 1997 年版，第 143 页。

[2] 何兹全先生曾指出，《刘向歆父子年谱》“是一篇考订精密而有创见的专题著作，是一篇对历史问题的微观著作。但这篇文章也显示钱先生是大处着眼小处着手的。他从对刘向、刘歆父子一生经历的精密考订入手，却在解决今古文经的一个大问题——刘歆是否伪造了诸经”。见何兹全:《钱穆先生的史学思想——读〈国史大纲〉、〈中国文化史导论〉札记》，李振声编:《钱穆印象》，学林出版社 1997 年版，第 157 页。

人的某些具体论断信而采之。两人皆有“疑”，但所疑方向不同，显示出史学理念上的差异。

对于中国历史学而言，无论是钱穆的信而有疑，还是顾颉刚的疑而有信，最终应该说殊途同归，皆有益于近代新史学的成长壮大。事实也证明，他们从各自方向所做出的努力，确为此贡献良多。

参考文献

[1] 梁启超:《绍介新著：原富》,《新民丛报》第 1 号。
[2] 王栻主编:《严复集》，中华书局 1986 年版。
[3] 刘桂生主编:《时代的错位与理论的选择：西方近代思潮与中国“五四”启蒙思想》，清华大学出版社 1989 年版。
[4] 刘桂生:《严复中西文化观前后期的一致性》,《刘桂生学术文化随笔》,中国青年出版社 2000 年版。
[5] 潘博:《国粹学报叙》,《国粹学报》第 1 期。
[6] 许守微:《论国粹无阻于欧化》,《国粹学报》第 7 期。
[7] 郑师渠:《晚清国粹派——文化思想研究》，北京师范大学出版社 1997 年版。
[8] 钱玄同等编:《刘申叔先生遗书》，民国二十五

年（1936年）宁武南氏排印本，江苏古籍出版社1997年重印。

[9] 严复:《译余赘语》,〔英〕斯宾塞:《群学肄言》,商务印书馆1981年版。

[10] 严复译:《穆勒名学》，商务印书馆1981年版。

[11] 刘超:《学术与政治:〈现代本国史〉教科书案》,《史学月刊》2006年第7期。

[12] 李长银:《一件关乎民国年间政、学、商三界的重大事件——1929年〈本国史〉教科书案新探》,《历史教学》2014年第10期。

[13] 周文玖、张锦鹏:《关于“中华民族是一个”学术论辩的考察》,《民族研究》2007年第3期。

[14] 马戎:《如何认识“民族”和“中华民族”——回顾1939年关于“中华民族是一个”的讨论》,《中南民族大学学报》2012年第5期。

[15] 黄克武:《民族主义的再发现：抗战时期中国朝野对“中华民族”的讨论》,《近代史研究》2016年第4期。

[16] 黄兴涛:《重塑中华：近代中国“中华民族”观念研究》，北京师范大学出版社2017年版。

[17] 马戎主编:《“中华民族是一个”——围绕1939年这一议题的大讨论》，社会科学文献出版社2016年版。

[18] 张守智主编:《民国时期总书目(1911—1949)·中小学教材》，书目文献出版社1995年版。

[19] 王红霞:《〈现代初中教科书·本国史〉与顾颉刚的史学思想》,《史学月刊》2014年第8期。

[20] 曹伯言整理:《胡适日记全编》第5册，安徽教育出版社2001年版。

[21] 顾潮编著:《顾颉刚年谱》(增订本)，中华书局2011年版。

[22] 顾颉刚编：初中教科书《本国史》上册，商务印书馆民国十二年(1923年)版。

[23] 课程教材研究所编:《20世纪中国中小学课程标准·教学大纲汇编：历史卷》，人民教育出版社2001年版。

[24] 顾颉刚:《顾颉刚古史论文集》,《顾颉刚全集》，中华书局2010年版。

[25] 桑兵、朱凤林编:《戴季陶卷》，中国人民大学出版社2014年版。

[26] 顾颉刚:《顾颉刚日记》,《顾颉刚全集》, 中华书局 2010 年版。

[27] 顾颉刚:《宝树园文存》,《顾颉刚全集》, 中华书局 2010 年版。

[28] 蒋天枢:《陈寅恪先生编年事辑》(增订本), 上海古籍出版社 1997 年版。

[29] 傅斯年:《闲谈历史教科书》,《教与学》第 1 卷第 4 期。

[30] 傅斯年:《历史语言研究所工作之旨趣》,《中央研究院历史语言研究所集刊》第 1 本第 1 分。

[31] 顾颉刚:《顾颉刚书信集》,《顾颉刚全集》, 中华书局 2010 年版。

[32] 王汎森、潘光哲、吴政上主编:《傅斯年遗札》, 社会科学文献出版社 2014 年版。

[33] 欧阳哲生主编:《傅斯年全集》, 湖南教育出版社 2003 年版。

[34] 费孝通:《费孝通全集》, 内蒙古人民出版社 2009 年版。

[35] 王为松编:《傅斯年印象》, 学林出版社 1997 年版。

[36] 孙中山:《孙中山全集》,中华书局 1985 年版。
[37] 郑大华:《论晚年孙中山“中华民族”观的演变及其影响》,《民族研究》2014 年第 2 期。
[38] 蒋中正:《中国之命运》,青年军出版社印行(无出版年代)。
[39] 马克斯·韦伯著、林荣远译:《经济与社会》,商务印书馆 1997 年版。
[40] 李欣荣、曹家齐:《张荫麟评传》,广东人民出版社 2014 年版。
[41] 顾颉刚:《顾颉刚自传》,北京大学出版社 2012 年版。
[42] 王学典、孙延杰:《顾颉刚和他的弟子们》,山东画报出版社 2000 年版。
[43] 郭齐勇、汪学群:《钱穆评传》,百花洲文艺出版社 1995 年版。
[44] 汪学群:《钱穆学术思想评传》,北京图书馆出版社 1998 年版。
[45] 陈勇:《钱穆传》,人民出版社 2001 年版。
[46] 余英时:《钱穆与中国文化》,上海远东出版社 1994 年版。

[47] 罗义俊:《钱穆与顾颉刚的〈古史辨〉》,《史林》1993年第4期。
[48] 廖名春:《钱穆与疑古学派关系述评》,《原道》第5辑，贵州人民出版社1999年版。
[49] 陈勇:《疑古与考信——钱穆评古史辨派的古史理论》,《学术月刊》2000年第5期。
[50] 刘巍:《〈刘向歆父子年谱〉的学术背景与初始反响》,《历史研究》2001年第3期。
[51] 钱穆:《八十忆双亲 师友杂忆》, 生活·读书·新知三联书店1998年版。
[52] 钱穆:《刘向歆父子年谱 · 自序》,《古史辨》第5册，朴社1935年版。
[53] 顾洪:《记顾颉刚先生收藏钱穆先生的一份手稿》,《清华汉学研究》第2辑，清华大学出版社1997年版。
[54]《胡适的日记》(手稿本)第10册，台北远流出版事业股份有限公司1990年版。
[55] 独角:《论经的大意》,《教育今语杂志》第2册。
[56] 章太炎:《某君与某论朴学报书》,《国粹学报》第2卷第11期。

[57] 余英时:《中国思想传统的现代诠释》，江苏人民出版社1995年版。
[58] 李帆:《刘师培与中西学术：以其中西交融之学和学术史研究为核心》，北京师范大学出版社2003年版。
[59] 嵇文甫:《漫谈学术中国化问题》,《理论与现实》第1卷第4期。
[60] 钱穆:《两汉经学今古文平议》，商务印书馆2001年版。
[61] 戴震:《戴震集》,上海古籍出版社1980年版。
[62] 李学勤:《〈今古学考〉与〈五经异义〉》,《国学今论》，辽宁教育出版社1991年版。
[63] 青松:《评〈刘向歆父子年谱〉》,《古史辨》第5册，朴社1935年版。
[64] 钱穆:《国学概论》，商务印书馆1997年版。
[65] 罗志田:《权势转移：近代中国的思想、社会与学术》，湖北人民出版社1999年版。
[66] 朱维铮编:《周予同经学史论著选集》(增订本),上海人民出版社1996年版。
[67] 钱穆:《中国近三百年学术史》，商务印书馆

1997 年版。
[68] 顾颉刚:《古史辨第 1 册自序》,《古史辨》第 1 册,朴社 1926 年版。
[69] 顾颉刚:《秦汉的方士与儒生》,上海古籍出版社 1978 年版。
[70] 王汎森:《古史辨运动的兴起:一个思想史的分析》,台湾允晨文化实业股份有限公司 1987 年版。
[71] 彭明辉:《疑古思想与现代中国史学的发展》,台湾商务印书馆 1991 年版。
[72] 顾颉刚:《五德终始说下的政治和历史》,《古史辨》第 5 册,朴社 1935 年版。
[73] 钱穆:《评顾颉刚〈五德终始说下的政治和历史〉》,《古史辨》第 5 册,朴社 1935 年版。
[74] 顾颉刚:《跋钱穆评〈五德终始说下的政治和历史〉》,《古史辨》第 5 册,朴社 1935 年版。
[75] 顾颉刚:《古史辨第 5 册自序》,《古史辨》第 5 册,朴社 1935 年版。
[76] 顾颉刚:《中国上古史研究课第二学期讲义序目》,《古史辨》第 5 册,朴社 1935 年版。

[77] 顾潮:《历劫终教志不灰：我的父亲顾颉刚》，华东师范大学出版社 1997 年版。

[78] 李振声编:《钱穆印象》，学林出版社 1997 年版。